SINGLADURAS
Poesía y Prosa

COLECCIÓN ESPEJO DE PACIENCIA

EDICIONES UNIVERSAL, Miami, Florida, 2016

ARMANDO ÁLVAREZ BRAVO

SINGLADURAS

Poesía y Prosa

Copyright © 2016 by Armando Álvarez Bravo

Primera edición, 2016

EDICIONES UNIVERSAL
P.O. Box 450353 (Shenandoah Station)
Miami, FL 33245-0353. USA
e-mail: ediciones@ediciones.com
http://www.ediciones.com
Fundada en 1965

Library of Congress Catalog Card No.: 2015959065
ISBN-10: 1-59388-274-2
ISBN-13: 978-1-59388-274-7

Diseño de la cubierta: Luis García Fresquet
Ilustración de la portada: Liana María Álvarez

Edición: Juan Manuel Salvat
Tania Rosa Álvarez y
Lourdes María Álvarez

Todos los derechos
son reservados. Ninguna parte de
este libro puede ser reproducida o transmitida
en ninguna forma o por ningún medio electrónico o mecánico,
incluyendo fotocopiadoras, grabadoras o sistemas computarizados,
sin el permiso por escrito del autor, excepto en el caso de
breves citas incorporadas en artículos críticos o en
revistas. Para obtener información diríjase a
Ediciones Universal.

ÍNDICE

Otra vez al curioso lector 7

Dedicatoria 11

MEMORIAS, DESMEMORIAS

El silencio 15
Patrimonio 16
Aquellos jardines 17
El visitante 18
Breve y prodigiosa calle 19
Rostro 20
Alguien 21
Certeza 22
Epitafio 23
Ausencia del ángel 24
Tarde de verano 25
La dádiva 26
Presencia 27
Acontece tu sueño 28
Sabido por el invierno 28

EL DOMINIO

Diálogos 31
En un sentido de agonía 32
Regresos 33
Contra el mediodía 34
Historia 35
Oscuridad contra oscuridad 36
Significados 37
El arquero 38
El principio 39
Nacimiento 40
Jardín abandonado 41
Iluminación 42
Antiguo recinto 43

Jamás un uso de encrucijadas 44
Costa 45
La casa 46
Marea 47
Vísperas de la noche 48
Mar de mitos 49
Paseos...................................... 50
El dominio 51
Encuentro 52
Celebración 53
Frontera 54

ENTREVISTOS, DESTELLOS Y CERTIDUMBRES 101

UN PUÑADO DE CUENTOS

Anochecer de Reinaldo Arenas 103
El chaleco interior 110
La pérdida 116
Lo que parecía imposible 125

OTRA VEZ AL CURIOSO LECTOR

A mis 77 años bien vividos en lo bueno y en lo malo, se ha convertido en mí una urgencia y una necesidad el dejar ordenada –lo que idealmente sería publicada– mi poesía y mis textos en prosa, que siempre he considerado son su complemento. Tras décadas de no poder editar nada en mi patria tiranizada por la condición de no persona que me impuso el totalitarismo castrista, comencé, separado de mi familia primero por el castrismo y después por la burocracia de este país, Estados Unidos, al que tanto agradezco, a publicar en España. Ya finalmente instalado al cabo de varios años aquí con mi familia, seguí publicando y, va de suyo, escribiendo como siempre. Hacerlo es para mí tan imprescindible como respirar. Como tuve la suerte de poder ganarme la vida escribiendo para la prensa y otros medios he acumulado miles de páginas de diversos géneros. Eso sin contar la poesía, que es lo fundamental de mi existencia y creación. Ya con los años que sé tengo, y me parece imposible así sea, y la salud tocada de ala como un caza en combate, esa ordenada reunión de mi escritura es para mí esencial. Da fe de mi existencia y, desde las palabras cuyo significado y resonancia siempre me han fascinado, creo sin un ápice de soberbia, que no me va, esas páginas son una contribución a la lírica cubana y a nuestra cultura. Lo tremendo es que he tenido que escribirlas en las más adversas y antagónicas circunstancias. No menos es el precio que he tenido que pagar por hacerlo. Precio que, igualmente por mi causa, tuvieron que pagar los míos, mi familia, mi sangre a ambos lados del mar que separa.

Los míos, los que tanto quiero y necesito, tienen plena conciencia de mi edad, mi estado de salud y mi estado anímico, aunque en esto soy un supremo simulador. A pesar de mis esfuerzos por «tranquilizarlos», no sólo están bien preocupados por mi salud y bienestar, sino también por mi obra. Quieren verla editada porque saben cuán importante es para mí, que me he jugado la vida a las palabras. Así, Tania, mi esposa, estuvo empeñada en la publicación de un volumen con mis críticas de arte, cuyo manuscrito de trabajo revisó y ya se publicó gracias a mi entrañable amigo Juan Manuel Salvat. En verdad cubre estrictamente un periodo de casi tres décadas de arte cubano en el exilio e hicieron a muchos creadores y galerías, además de recobrar, reconocer y valorar a nuestros creadores eminentes del siglo XX. No existe otra documentación de esa época y artistas. Lourdes María, Perdi, que tanto me ayuda en mis investigaciones y el ordenador, se ha convertido en algo que siempre le decía jugando cuando era chiquita y que la endemoniaba: tú serás el báculo de mi vejez. Acerté, pero ella nunca lo aceptará a pesar de lo tanto que hace por cuidarnos a su madre y a mí. ¡Que con hijas como Zapi y Perdi no me puedo quejar de mi familia, que ahora cuenta con una fabulosa perrita salchicha, Loló, que tanto nos acompaña, entretiene y alegra a Tania y a mí!

Cuando Liana María, Zapi, me dijo lo de la edición de este libro pensé mucho en su contenido y posibilidad. Sabía que me lo pedía para preservar mi obra porque sabe lo importante que eso es para mí y quiere que sea feliz. Va de suyo que tengo varios poemarios inéditos, que son parte de mi único poema. Entre ellos se cuenta *El corazón en la palma de la mano,* obra en proceso que ya supera las quinientas páginas. Si tuviese a mi país, como era y debe ser, no tendría este problema con las ediciones y tanto más. Muy otra hubiese sido mi vida y suerte. Pero mi patria se fue a bolina, como uno de los papalotes que empiné en mi niñez frente al Palacio Presidencial en la Avenida de las Misiones. Tras darle muchas vueltas a las posibilidades, siempre confiando en el Paráclito y no cesando de rogarle me iluminara, decidí que este libro debía integrarse con dos de mis poemarios: *Memorias, desmemorias* y *El dominio*, que serían seguidos por *Entrevistos, destellos y certidumbres.* Las dos primeras partes están compuestas por poemas breves escritos en Cuba a finales de la década del 60 y la tercera escrita en Miami entre el 2007 y el 2014, por un cuerpo de brevísimos textos, casi siempre oraciones. Remata el volumen «Un puñado de cuentos» con cuatro ficciones para mí importantes y que son, como siempre he sostenido, complemento de mi poesía.

Memorias, desmemorias y *El dominio*, como toda mi poesía, son eminentemente biográficos, dan cuenta de mi persona y el *más* de mi realidad. Procuré al escribirlos que su discurso se caracterizara tanto por su delicadeza sin renuncia a la intensidad como por la fijación de la profundidad de la certidumbre que expresan. Estos tempranos poemarios ya dan fe del tono y resonancia del discurso poético que domina a mi obra y que se afianza en la claridad y diafanidad verbal que comunican todos los registros de mis vivencias, su posibilidad, su reverso y su plenitud. Ese mismo espíritu prevalece en los textos de *Entrevistos, destellos y certidumbres* en que bien arraigado en mis vivencias y reflexiones, las concreto en un tono tan aforístico como latente del eco de la greguería de mi admirado Ramón Gómez de la Serna. Así, esas páginas son una suerte de memorias de mi vida en que todos los elementos de la cotidianidad son fijados en un momento de iluminación en que no pocas veces late el impulso lúdico, tan esencial para mí. La cuarta y final parte de este libro, «Un puñado de cuentos», recoge cuatro narraciones que son para mí bien importantes tanto en lo formal como en lo espiritual. Tienen, como todo lo que escribo, una sustentación autobiográfica. Esos factores que acabo de enumerar laten en esas historias tan diáfanas como mis versos y tratan de plasmar en su más profunda intensidad y claridad el arduo oficio de vivir.

Mis 77 años no hacen de este volumen un libro de la vejez. La razón es palmaria. Su contenido tiene para mí una resonancia en que las décadas que median entre las dos primeras partes y las dos finales se constituyen en un *siempre* tan cuajado de *más* de irreversible fijeza. Y al hacerlo eso que es la vida de un hombre con sus alzas y sus caídas se enriquece con nuevas precisiones. Entre los valores esenciales de mi obra poética destaca que fija detalladamente mi existencia en el instante y en el siempre. Cada verso de mi único y extenso poema me dice por completo. Esto es de nuevo evidente en *Singladuras*. El punto final de la historia llegará en toda su precisión y detalle cuando, con el favor de Dios, pueda editar mi oceánica *Poesía completa.* No dudo que podré hacerlo por una muy sencilla razón arraigada en mi fe. Perdí, me arrebataron mis primeros cuarenta años en la Cuba del totalitarismo castrista, pero supe resistir la censura y tantísimo más que me depararon los implacables represores que también se ensañaron cruelmente con mi familia y, ya exiliado, todo lo que hicieron y siguen haciendo sus servidores. Así, y no resisto la necesidad de decirlo, mi vida no ha sido miel sobre hojuelas por más que las apariencias lo nieguen. Cada libro que publico, como estas *Singladuras,* es para mí una victoria. Me quedan no pocas por alcanzar, como cuadra a un soldado de línea.

Dicho todo esto, debo añadir que este libro es también obra familiar. Mis 77 años y mi salud han incrementado mis cuidados por parte de los míos. Y todos quieren, además de cuidarme como gallo fino, alegrarme. De esta suerte, *Singladuras* es un libro más de Tania, Liana María –que lo lanzó–, Lourdes María y su maravillosa perrita Loló, y, va de suyo, de mis fabulosos nietos, Joseph Armando y la princesa, Ana María, que tanto «extraño» en buen cubano. Las distancias y la separación de aquellos que se quieren es uno de los precios a pagar por el exilio que debemos al totalitarismo castrista. A pesar de todos lo pesares, escribir contra viento y marea, vale la pena. En estas páginas se da cuenta de lo ocurrido en muchas singladuras de mi navegación.

Toda verdadera historia se escribe y se cuenta a sí misma.

Armando Álvarez Bravo
En el Año del Señor del 2015

Este libro, como siempre, está dedicado
a la memoria de mi madre, Ana María;
a mi esposa Tania,
mis hijas Liana María y Lourdes María
y mis nietos Joseph Armando y Ana María.

Va igualmente dedicado a cuatro amigos entrañables:
Claudio Alonso, José Bardales, Pablo González,
Armando Martínez y Juan Manuel Salvat.

MEMORIAS, DESMEMORIAS

EL SILENCIO

Recomienza el silencio.
Escucha tenaz.

Vientos contrarios
agitan el follaje
y crece en ti
una mansa nostalgia,
como tierra devorada.

Ahora es tu grave corazón
el que murmura,
y vuelve el tiempo
de las preguntas irrevocables
y los árboles,

catedrales de tu infancia.

PATRIMONIO

Solo, inerme, en vilo,
aprendes de una pérdida
que palpas casi intacto
de ella misma.

Heredas algo intransferible:
la primogenitura de una sangre,
unas ruinas, la orgullosa memoria
y el temor de dispersar
lo que persiste en las palabras
de los mayores.

Qué tiempos para ti en usufructo.

AQUELLOS JARDINES

Malezas, escombros
y esos dos árboles
misteriosamente indemnes
a tanta dentellada
señalan el fin de tu infancia.

Ya no existen aquellos jardines
donde jugábamos hasta la noche
al borde del luto familiar,
ni las palabras retoman
un cauce que insinúa el miedo
de ser tragados por la oscuridad
de una casa que todo lo invadía.

Los muertos son en nuestra memoria.

EL VISITANTE

Llega, aviva
un recuerdo sepultado,
un vínculo.

Cuenta de la familia,
de cambios minúsculos,
de los que han muerto
desde la anterior visita.

Después, escucha.
Lo mira todo,
casi pidiendo permiso.
Y por fin, se despide,
se marcha gravemente,
como si no hubiese otra vez.

BREVE Y PRODIGIOSA CALLE

Descubres esta tarde, al caminar
por la calle que recorriste
toda tu infancia,
cómo pueden cambiar las cosas
aunque permanezcan.

Desconocidas o familiares,
las innumerables calles
por las que hoy te mueves
no pueden compararse a ésta,
breve y prodigiosa
en la singular luminosidad
del domingo.

Pero quien te acompaña
ignora tu nostalgia de aquel tiempo,
y se apresura.

ROSTRO

En rostro rescatado
recuerdo la frescura
de la hierba
de un país de muchachos.

Prevalece en mí un tiempo
de descuidos memorables
bajo tu signo.

Por lo que aún inscribo
mis días en ese tu rostro,
como un halago.

ALGUIEN

Soberbio indagas
de un tiempo la aspereza,
ingrato hacia otros tiempos.

Das nombres a las sombras
y pareces árbol espinoso,
inconmovible en tu sitio,
apartado.

El contorno que te haces
te socava. Tu muerte
te habita segura.

CERTEZA

Sobre cada uno de tus actos
no es el vacío lo que queda,
ni la ira de Dios.

Quedas tú, el recuerdo
de tu gesto, de tu palabra:
el inexorable aprendizaje
de lo definitivo.

Así siempre.

EPITAFIO

Es posible que un nombre
descubra todas las complacencias,
mas la belleza de los nombres perdidos
no dejó de ser propósito.

Nunca fuiste más allá de tus deseos,
replegado como un animal doméstico
al abrigo de una secreta tibieza:
extraño de ti mismo a sabiendas.

AUSENCIA DEL ÁNGEL

Busco al ángel.
Su rigurosa ausencia
gravita sobre mí
sumiéndome en el vacío.

Me falta. Casi
como el corazón de un amigo
olvidadizo o una luciérnaga.

Y soy ya muerto a toda inocencia.

TARDE DE VERANO

Es al atardecer, en el verano,
mientras bebemos sin prisa
sentados calladamente
en los viejos muebles de mimbre
de la terraza,
cuando tenemos la certeza
de que alguien, ya perdido,
irrecobrable, nos es necesario.

Cede el bochorno, y un pensamiento
varado en otro agosto,
pisa los talones de la noche,
entristeciéndonos.

LA DÁDIVA

    Recibe la dádiva:
hojas ya resecas,
quebradizas, sonoras a la mano,
como máximas.

    Sus voces escucha:
oscuro Atlántico
sólo descifrable
cuando igualado a ellas
te entreguen con descuido,
para luego negarlo:

    mudables tiempos.

PRESENCIA

No se fuga, permanece,
voz entrañable que conserva
plácidas reminiscencias:
islote lleno de colmenas.

Palabras, sillones,
en domingo ciertas mañanas
le ofrezco. No otra cosa.

Y en esto me abarca
una obstinada presencia
que, colmándome,
casi me conforta, invisible.

ACONTECE TU SUEÑO

Con atroz detenimiento
acontece tu sueño esta noche.
Han cesado la lúcida piedad
del día y las estratagemas.
Ahora tu corazón conoce
la inmensa realidad de la sangre.
Ya no madura tu signo, enemigo.

SABIDO POR EL INVIERNO

Demorada estación:
nos revelas rostros
que alientan la furiosa,
insólita belleza
que aún puede rescatarnos
aunque nos entreguemos con recelo.

Entre tanto manejo increíble,
sólo en ti se presiente lo cierto,
se sabe.

EL DOMINIO

DIÁLOGOS

A través de la mesa,
cargados de razones subterráneas,
testimonios inauditos,
frases de súbito desconcertantes.

Pero como siempre,
todo en torno
fluye con indiferencia,
y las horas se malgastan
en estériles manipulaciones.

Después, en la noche,
el recuerdo de lo dicho
estremece de terror, de esperanza;
arraiga el desvelo.

EN UN SENTIDO DE AGONÍA

Al margen de la hora,
de los acontecimientos,
la música colma
el angosto recinto.

Cerrados los ojos,
una cabeza se pierde
en el abismo interminable
de las manos.

Mas, de pronto,
el rostro se alza,
y sobre la estatuilla
dos miradas se encuentran
en un sentido de agonía.

En tanto, la música,
definitiva, continúa edificando
catedrales en el aire.

REGRESOS

El arduo silencio del regreso
en la magnífica noche
pone fin a los cuidados.

Los signos de la prisa
se sortean
con prolija deliberación.

Pero el último gesto
no se aviene a despedida,
pendiente de sucesivas noches,
de aún ignorada lealtad,

leal él mismo.

CONTRA EL MEDIODÍA

El mediodía
destierra las presencias,
condena al bochorno,
a reiterada muerte.

Pero hoy, una urgencia
de nieve subleva
contra la torpeza del adiós
y la humillación de la siesta.

Y un gesto contrario
a un capitular de siglos
redime fugazmente de soledad.

HISTORIA

Nueva a los labios
que la relatan
en extensas veladas,
la historia de una vida
se formula tumultuosa.

Un viento inconcebible
abre en sucesión
puertas condenadas,
purifica aires enrarecidos.

Y del propio encierro
el corazón se recobra,
ya no intransitable, expectante.

OSCURIDAD CONTRA OSCURIDAD

    Oscuridad contra oscuridad,
se historian cicatrices,
vivencias semejantes.

    Con la precisión del instinto,
con su urgencia,
la finalidad de los testimonios
aduna las voces
que desbaratan los círculos.

    Y ya colmado el vacío
de honda, perdurable certidumbre,
los usos familiares
pierden su valor:

    ayer rebasado.

SIGNIFICADOS

Espera en la espera,
el atardecer es un silencio
que progresa difícilmente
hacia el vacío de la noche.

En el cruel paisaje,
extenuados, los taciturnos pugnan
con glacial vehemencia
por la aridez de sus dogmas.

Llega el fin,
y las palabras escamoteadas
declaran la muerte,
dan fe de vida.

Derrota y victoria
tenían otro significado.

EL ARQUERO

Aguarda desde siempre,
con quietud de forastero,
sin blanco preciso:
sitio vulnerable.

Enorme resulta la tierra
a su espalda tenaz
de silencioso, el recorrido.

Pero ahora sólo es cierta
su imagen prevaleciendo
en la mutua posesión,
en pensamientos unánimes,
el arco tenso.

Hace tiempo que reposa,
oculto.

EL PRINCIPIO

    Mar, playa desierta,
vacío de las horas,
soledad de la persona
–olvidos de un verano–,
no pueden colmarles
las palabras. Sin embargo,
a partir de vuestra fijeza,
como otra especie del silencio,
tan sólo ellas –ya maldición,
ya dicha– serán posibles.

NACIMIENTO

Tarde y estación
caducan vertiginosamente.

Nadie llega,
y de la poderosa,
interminable desgarradura
de las distancias
pasamos por primera vez
a la precisión de la realidad.

Y ya nuevo, arduo nacimiento,
no es posible volverse atrás:
los retornos.

JARDÍN ABANDONADO

    La densa vegetación
y la alfombra
de hojas y ramas,
propicia a la lentitud
de los pasos,
rezuman humedad.

    Mudo crecimiento:
todo se dispone en la penumbra
con hermética belleza.

    Una tenue luz se filtra
a través de las copas
de los árboles
y se difunde minuciosa,

       espléndida.

ILUMINACIÓN

    La claridad
invade el laberinto
de callejuelas
y descubre ignotos prodigios
en los ruinosos edificios
patinados por el polvo
y el salitre.

    Única anfitriona,
la luz desemboca sin cesar
en la plazoleta.

    Ya todo poseído.

ANTIGUO RECINTO

El antiguo recinto
impone los susurros,
el gesto estricto.

Entre objetos
acarreados de sangre a sangre,
persisten los ecos
de voces desconocidas.

Y otra vez las palabras
descubren claros países
a partir de estas piedras,
ponen coto al desastre.

JAMÁS UN USO DE ENCRUCIJADAS

Con la solidez de lo débil,
ignorada, la casa resiste
todos los golpes, los cataclismos,
oculta por edificios
cada vez más altos.

Al otro lado del mar,
un uso de encrucijadas
poblaría la fresca brevedad
de sus estancias.

Aquí es secreto,
exclusivo patrimonio
del que ahora
toma deslumbrada posesión
un limpio mirar.

Y ya cuenta poco el crepúsculo.

COSTA

En la tarde, desde lo alto,
las aguas son un espejo
bruñido por la lluvia,
ya transparente de algas.

Sobre los arrecifes
se confunden los oficios
de los pescadores
con el juego de los muchachos.

Y la aplazada conversación
a orillas de la ciudad
reminiscente de la espuma,
sella felices descubrimientos.

Persiste la calma, crece.

LA CASA

Distante, secreta,
un agreste sonido
c ircunda tu soledad.

Con benevolencia de puerto,
a toda hora tu abrigo
se ofrece oportuno, unánime.

A fondo habitada,
por tus muros
los días resbalan saciados,
insaciables.

MAREA

El salvaje olor de la marea
se desprende intenso:
cestas llenas de peces,
cabrilleos,
ruda voz del insomnio.

Aquí nueva, la mirada
que heredó una andanza extranjera
—la casa fugaz—
se adueña de la intraducible imagen
de las callejuelas y los antiguos edificios.

Entre mareas, el aire salitroso
dicta gestos seminales,
semejante a torrente, absoluto.

VÍSPERAS DE LA NOCHE

Ya la tarde
no es un enemigo,
y el sol y la lluvia
allegan voces de la infancia,
antiguas ceremonias.

Un vivo silencio
forja la noche próxima.

Invicta, la dicha
se entreteje
ávida de lentas horas.

MAR DE MITOS

La noche acoge
todas las fatigas,
los deslizamientos,
afila sus dientes
entre cataclismos
de palabras.

Dócil a la entrega,
inmediato,
un mar de mitos
cifra nuevas estaciones.

El día inaugural
irrumpe desconcertante.

PASEOS

Urdidos perseverantemente
contra la sediciosa soledad,
paseos sin término,
caminatas persuadidas
de aproximación.

Un silencio lunar
despuebla las calles
que se transfiguran a cada paso,
convoca resuelto
a indecible compañía.

Entonces, sobre toda presencia,
una intimidad de lluvia
agolpa repentina
extremos pensamientos,
se instaura poderosa.

EL DOMINIO

Siempre remoto,
sus aguas sin estigma,
un dominio aguarda,
notorio de aéreas provincias.

Cesan los discursos,
y rostros ávidos de fábula
emergen de vetas
alimentadas por el escarnio.

Tiempo de partidas,
de desnudez sin oprobio,
ya suave respiración,
un ciclo de sangres se eclipsa
y todo se apresura
de vuelta al sosiego.

ENCUENTRO

Del corazón, la noche
borra miedos seculares,
responde intrincada
al reclamo más urgente.

Sin sueño, en el sueño,
el cálido murmullo
del amanecer
sorprende diáfano
los cuerpos reunidos.

Y la benigna penumbra
da testimonio
de encuentro irrevocable,
delicado.

CELEBRACIÓN

Celebro el día.

La mañana surge
de unos ojos
donde una mirada
como de ciervo
se ilumina armoniosa,
resplandece.

Y toda la sombra
se inventa
entre jadeos de inocencia.

FRONTERA

Respetada frontera,
el brazo que desciende
en medio de la tarde
alienta entrañables nuevas.

Con ardiente confianza,
trémulos bienes
se otorgan definitivos.

Pródigo, el reposo
arriba hospitalario,
cubre de inocencia,

cala de dicha.

ENTREVISTOS, DESTELLOS Y CERTIDUMBRES

La noche bosteza en la madrugada.

Hay miradas que sólo ven los recuerdos.

A los relojes de bolsillo les gusta el calor humano.

Ciertos señores circunspectos usan el paraguas como un bastón de mando.

Leer los obituarios en la prensa indica que se ha llegado a la tercera edad.

El aburrimiento es el jaque mate a la existencia.

Gran problema: La histeria de la historia.

Una pecera no puede sustituir al mar.

Los leones no quieren saber nada con los barberos.

Llamar al café con un diminutivo es una excusa para seguir tomándolo.

La cometa es un mensaje al cielo.

El escritor tiene su alma en su estilográfica.

La ventana horrible se abre a una pared.

El corazón siempre está a la intemperie.

Existen lugares desconocidos de los que nunca se quiere marchar.

Las casas deben ser un museo de la imaginación.

Dormir es el punto y aparte del día.

Los confesores de los hospitales son los adelantados de San Pedro.

En los rastros siempre buscamos el pasado que quisiéramos.

La carta más imprescindible de la vida nunca se escribe.

¿Qué es lo que impide dejar un oficio que resulta insoportable?

La naturaleza es muy sabia pero no lo es la criatura.

Uno se acostumbra a su propia imagen en el espejo.

Los eclipses son los guiños que nos hacen los cuerpos celestes.

Los laberintos no pueden salirse de sí mismos.

El mejor lector de cualquier obra es su autor.

La paciencia es el único milagro que puede hacer la criatura.

Un árbol seco es una lápida.

Los pájaros toman una vertiginosa vacación en el bebedero.

Los juguetes siempre están listos para la inocencia de los niños.

El estilo puede ser el reverso del hombre.

El abrecartas es la ínfima expresión de la espada.

Ciertas pipas sólo se pueden usar en las grandes ocasiones.

Los días en blanco nos coleccionan.

Hay ciertos objetos y cosas que son un ancla.

La extraña manía de no tener manías.

Por mucho que se escriba siempre queda demasiado por decir.

Los santos jamás supieron que lo eran.

Lo que acumulamos nos acumula.

Abrir la puerta de la casa es volver a empezar.

El destino son muchos destinos.

La soledad nunca miente.

Es enorme la fidelidad de un viejo par de zapatos.

Nadie conoce al desconocido que nos vive.

Los lunes quisieran ser domingos.

Con las monedas antiguas sólo se compran ilusiones.

Tenía ojos de pez muerto.

La llovizna es un aguacero frustrado.

Era un personaje de un drama que fracasó.

Ese no que coloca frente al abismo.

Tocar fondo puede ser una iluminación, un volver a empezar.

La impenetrable noche en el mar me ha devuelto a mi patria.

Único empeño que cuenta: tratar de recuperar algo de la inocencia perdida.

Esa pipa y esa estilográfica que son parte esencial de nuestra segunda naturaleza.

Hay libros y autores que nos buscan.

Nada mejor que entregarse a imaginar esas existencias cuyo sueño es nuestro mayor secreto y realidad.

Siempre cuidando a los hijos y a los nietos y no darse cuenta que son ellos los que nos cuidan.

La pequeña pecera figura el inmenso mar y sus fabulosas criaturas.

El día comienza con el primer café.

No tengo la menor duda de la infinita bondad de Dios, sólo Él puede soportar mis infinitos y detallados ruegos.

Hay momentos en que es imprescindible comprar algo que para nada nos sirve.

Tras una ausencia, nuestra casa nos pone en nuestro lugar.

No se puede tener todo lo que se quiere, pero sí hacer una esteparia lista de lo que queremos.

Saber moverse como un felino en la más densa oscuridad, pero adorar las linternas.

¿Existe un calidoscopio para los recuerdos?

Toda una vida escribiendo sin darnos cuenta de que es la vida la que nos escribe.

Gran pérdida entre los oficios perdidos: el de barquillero.

Las luces de la ciudad nos han despojado de la belleza del firmamento estrellado.

No se puede confiar en el vecino que no saluda.

El oculista me ha diagnosticado asteroides. No me puedo quejar, tengo una enfermedad celeste. Las otras, que me diezman vertiginosas, no tienen esa condición.

El paraíso no puede ser otra cosa que una juguetería.

La imaginación se desborda mientras andamos en la noche por una ciudad desierta.

Cada día que pasa me convenzo más de la fuerza del deseo.

Hay poemas que no son poesía.

Hay caricias que son pura, insalvable distancia.

Entre mis infinitos pendientes a escribir: un devocionario.

Los trópicos, su pisada en el corazón.

No hay olvido, sólo postergación del olvido.

Viejas canciones y platos que nos hicieron el paladar: nuestra fija identidad.

Sobrevivir es una gracia, vivir un milagro.

Envejecer es querer ser cada vez más un niño.

Se quiere ser demasiadas cosas, se es esa urgencia.

Escoger el tabaco para nuestra pipa es una definición.

Nunca sabemos si estamos donde debemos estar, pero llega el tiempo en que es imposible ir en pos de un nuevo paisaje.

Mis canciones, las de siempre. Vivo en la memoria.

Si llueve, bien, hace demasiada falta; si no llueve, un desastre.

Hay manías ilustres.

Llevaba su soledad como una medalla.

¿Qué hacer cuando un desconocido abre la puerta de nuestra casa?

Esas viejas llaves que no sabemos que abren.

No se puede ensayar la propia muerte.

Con Dios no hay reserva mental que valga.

Los mediocres son una plaga tan implacable como invasiva y funesta.

Los cuadros se deben colgar para nuestro siempre.

Hay épocas que nos pasan por encima a galope tendido.

Ese correcto caballero entrado en años que era un adelantado del pasado.

El puntual plato de sopa de la cena era la piedra miliar de la familia.

Las anotaciones y los subrayados en viejos libros revelan al paso del tiempo la identidad del lector en un etapa de su andadura hacia su siempre.

Las ruinas son una invitación a los sueños.

Ya no hay lo que debe haber.

Mis nietos avivan mi vocación por la fantasía, por la maravilla.

Tengo demasiadas elegías pendientes.

Nunca me ha gustado el juego, pero me he jugado la vida a las palabras.

Hay algunas piedras que me dicen de iluminación.

Sigo poseyendo todo lo perdido.

La pura verdad: Vivo por un ingenio mecánico conectado a mi corazón.

Uno ha llegado a la vejez cuando le falta la presencia de maestros.

Mi celebrada memoria es absolutamente imparcial: Aduna lo bueno y lo maravilloso con lo triste, lo injusto y lo terrible.

Panadería de mi infancia: Aquellos hermosos panes en forma de conejo.

Siempre nuestras pasiones devienen nuestros imposibles.

Estamos sujetos al uso de las preposiciones.

Ese que soy es, de igual suerte, el que fui y el que quise ser.

Tuve un enorme y hermoso caballo blanco, ¿se puede pedir más?

Sólo los hechos: Ahora dependemos de nuestros hijos.

Soy obsesiva y compulsivamente ordenado, de ahí mi desorden.

Nunca he cortado el pan, siempre lo he partido.

Hay días que se quisiera fueran el día que pasó.

Me he jugado la vida siempre en secreto.

Un día tras otro, nunca se sabe.

Uno de mis grandes pendientes: una novela, la novela de un poeta. ¡Ay, la falta de tiempo!

Ganaría tiempo si no tuviera que salir de casa.

Hay mujeres que son espejismos.

Me fascinan los disfraces —su lúdica maravilla—, pero nunca en mi andadura me he disfrazado para hacer frente a la realidad.

El verbo más difícil de conjugar sin peros es querer.

No me gustan los juegos de azar, nunca juego —y me han sobrado las oportunidades para hacerlo—. Pero he aquí que en mi infancia, sin jugar, me gané un automovilito en un modesto circo en una tarde de domingo. No lo recuerdo. Pero sé que es el automóvil que quisiera tener. La vida es sueño.

Quiera Dios que no tenga que recomenzar mi vida de nuevo.

¿Nos enseñan las cucharas de paladeo a paladear la existencia que se nos viene encima?

He visto muchas ciudades, no sé las que me quedan por ver, pero el ceñido El Vedado, con sus mansiones y sus arboladas calles, con todo lo que hace una gran ciudad, sigue siendo para mí toda la tierra.

Hay días que se cansan de sí mismos.

Atrocidades del totalitarismo: No poder cerrar los ojos a nuestros muertos.

Un pueblecito en el que dan ganas de vivir por su nombre: Madrigal de las Altas Torres.

¿Se puede perder la noche en nosotros mismos?

Toda la belleza de la creación cristaliza en el sueño de un niño.

La más terrible tentación que utiliza el Maligno es la vanidad.

Debía haber espejos negros para poder ver con absoluta precisión nuestra alma.

Se sabe que se es una persona mayor porque no se nos dicen muchas cosas.

Nuestra madre nos enseñó a rezar el rosario en la infancia para regalarnos a la Madre de Dios.

Los niños gustan de los diminutivos porque es su medida del universo y las cosas.

Siempre las malas noticias son una emboscada.

Las Hojas de Vida son el último exponente de la ficción.

Hay gatos que tienen vocación de perros.

Existe una clase de personas que se borran cuando terminan su trabajo.

¡Cuántas veces nuestras jornadas no son otra cosa que estar entre dos aguas!

Unas elecciones son tan buenas como el que cuenta los votos.

Casi todas las noticias son una garambaina.

Escribir un poema es dialogar secretamente con uno mismo.

A estas alturas pasé el *point of no return* a mi patria.

¿Es posible designar con final precisión la propia alma?

Nos inventamos historias, pero hay historias que nos desinventan.

Un verdadero creador no necesita firmar su trabajo, lo identifica su firma de estilo.

En la victoria o en la derrota se conocen a los verdaderos soldados.

A falta de una fuente, hay en mi jardín un bebedero para los pájaros.

Hay lujos y lujos, siempre complacencias. Lo sabio es limitarnos a los que podemos costear.

Bien mal me debió ver, recién salido al exilio, un camarero andaluz al que pedí un café tras un interminable viaje en tren, y me dijo al servírmelo: «¡Que haya alivio!».

Nunca se puede saber que es más tremendo, si los trabajos o los días.

Hay rasgos y expresiones de mi rostro que nunca han cambiado.

Siempre he querido ser un personaje de Salgari y de Conrad.

Todos los niños deben tener un calidoscopio.

El buen gusto se define por la capacidad de exclusión.

Tengo vocación de pobre, que decía Rilke es una gran luz interior, compro billetes de lotería y sólo en ocasiones miro si he ganado algún premio.

Soy capaz de asumir el papel del otro.

He visto a la noche anegarse en un cenicero.

Viejas canciones, no necesito más.

Muy niño, de labios de mi madre, aprendí a rezar sin comprender lo que decía. Quizás esa época fugaz fue en la que mejor recé.

Fui el mejor jinete que ha tenido un caballo de palo.

Debo encontrar un astrolabio para mis sueños.

Colecciono hasta la imposibilidad hacer colecciones.

Esa época maravillosa en que no había que cerrar las puertas.

Hay dados en blanco.

Un paseo puede ser una despedida.

Estoy desnudo e inerme sin un rosario.

Me siento orgulloso de mi cuidado y perfecto bigote.

Me falta demasiado la intemperie.

Los cardiólogos no tienen la menor idea de la geografía del corazón.

Mi imborrable seña de identidad: Mi gusto por la comida cubana.

Las hermosas muchachas de mi juventud ahora son bellas de otra manera.

No sé si he hecho demasiado ni tampoco si he alcanzado lo máximo de ese límite.

Me consuela e ilusiona un reloj que no funciona.

«Cosas vederes...» ¿Hasta cuándo?

El pan, hasta duro y viejo, siempre es pan.

La caricia suprema de la presencia de los nietos.

Mi existencia se ha normalizado, pero ¿cuántas veces?

Siempre pago mis deudas puntualmente, más contra toda razón sigo siendo deudor.

El teléfono es el enemigo de la paz interior y de la doméstica.

No cambiamos las casas, las casas nos cambian.

La espera puede ser un don.

Mi firma ha devenido jeroglífico.

Hay vacíos opulentos.

Esos regalos con los que no se sabe qué hacer.

Los diccionarios debían crecer en la noche.

Debía existir una tabla periódica de los sentimientos.

En un jardín perfecto nunca faltan los pájaros ni las mariposas.

La sal de mar son granos de navegaciones, tormentas y calmas.

Una edificación desierta, ¿cuántas historias se desvanecen?

Mi nieto, Joseph Armando, como salido de un hermoso cuadro, es un gran espadachín, todo un señor; mi nieta, Ana María –tan pura y bella criolla como jubilar ángel andaluz– es un cascabel que es una princesa.

La vida nos impone su medida, pero a veces podemos hacerle trampa.

Casi siempre acierto en mis anticipaciones y juicios, pero cuando me equivoco lo hago de forma monumental.

Una fría madrugada, en mi más temprana y vulnerable adolescencia, cuando salía a una recogida de ganado con los vaqueros –monteros en mi tierra–, tuve la certidumbre de que aquellos hombres duros me aceptaban como uno más, cuando me pasaron una botella de «ron peleón» para entrar en calor. Ese es el mayor honor que he recibido en mi existencia.

Puede o no puede ser nuestra voluntad, pero nos precipitamos en la sombra.

Remotas e irrepetibles jornadas en una isla que era tan real como ficción. Cacé codornices, patos y puercos jíbaros y disparé toda clase de armas. Pesqué –eso sí, pesca mayor– hasta que me fue imposible usar un arma o una poderosa vara de pesca. ¡Absoluta plenitud en la intemperie!

Haber conocido espléndidos dominios y no poder dar cuenta de ellos.

El Maligno siempre nos acecha.

Un golpe de viento nos hace viento.

Los padres alcanzamos nuestra definición mayor cuando somos abuelos.

La absoluta belleza siempre impone límites.

Mis demasiados oficios, *malgré moi*.

Un amigo, un viejo poeta ciego que acariciaba los libros de poesía que no podía leer.

Tuve una alcancía que era un exquisito elefante de porcelana.

Es triste y es maravilloso encontrar viejos libros de grandes poetas y autores que se venden en la acera por unos céntimos.

El paso del tiempo es la gran ventaja de la que hacen uso y se benefician los reconvertidos represores.

El dislate de ser políticamente correctos.

A los dóciles se los lleva la marea.

Quizás nunca tuvimos eso que buscamos infructuosamente.

Hasta los mendigos defienden su territorio.

Hay estudiantes vitalicios.

La mala letra de los grandes escritores.

La paleta es el arco iris del pintor.

No se puede anudar a la nada.

Los reflejos son bienes intangibles.

El seguro de vida es un seguro de muerte edulcorado.

El estado de gracia es la visa para entrar al cielo.

¿Me miran mis cosas con la misma expresión con la que las miro?

Los niños dibujan como si fuera el primer día de la creación.

La riqueza es una patente de corso.

¡Cómo hay que pagar el error de tener razón!

A los viejos los acaba de matar el silencio.

Se puede escuchar al mar en un caracol, pero no puede respondérsele.

Cruzaba las calles como si estuviese en una cuerda floja sobre el abismo.

La miel y la hiel: la diferencia que hace una letra.

Ningún caballo puede galopar como el caballo de madera de un niño.

No sabía perder, por eso nunca quiso tener amigos.

Ese pobre hombre que es más sordo que sus hijos.

El absoluto del poeta: Escribir sus poemas y de inmediato destruirlos.

Extrañeza de estar: Vivo en una ciudad tropical de frontera en que llueve por cuadras.

Suprema contradicción: Esperar a los que no se quiere que lleguen.

Siempre que se acaba un libro y se revisa, se quiere empezar a escribirlo de nuevo.

Palabras en desuso: La pura maravilla.

Casi todos los planes para el próximo día sólo son una réplica del día en que se hacen.

Antología pendiente: La de los escritores de la ebriedad.

¿Por qué se suicidan las ballenas?

Preparaba sus ensaladas como si estuviesen destinadas a una exposición.

Cada casa demanda una forma específica de tocar a su puerta.

Siempre que suena el teléfono puede cambiar el destino.

Uno se pasa la vida tratando de recuperar las ideas que se nos han escapado.

Los cocimientos son una evocación de la infancia.

Sólo se habla a Dios cuando se enseña a rezar a los niños.

La existencia es tan sólo golpes de palabras.

Nuestras manos delatan el irreversible paso del tiempo.

Esos blancos del recuerdo en que está escrita nuestra existencia.

¡Ay! ya no hay papel secante.

El desvelo del escritor es su sueño.

Viejas y gloriosas canciones: La vida que se nos fue.

Los precipicios también tienen precipicios.

Esos patéticos figurones que viven creyendo que son lo que nunca fueron.

La altivez es la única respuesta para la ordinariez.

Llevaba una agenda detallando todo lo que no debía hacer cada día.

Gran problema para los deudos del escritor: Sus papeles.

Esos infelices viejos que no oyen otras voces que las de la radio.

No hay más: La fuerza de la edad se manifiesta con la creciente falta de fuerza.

Esas tormentas tropicales que tienen el nombre de un ser querido.

Para los niños todo es el paraíso.

Lo tremendo de encontrar consuelo en el propio desconsuelo.

La escafandra es el estuche del buzo.

Ya enfermo, un viejo y querido amigo inglés, pintor y oficial naval en la guerra, me dijo que lo que más deseaba era morir con decencia. ¿Se puede pedir más?

Dura lección: Esos que nos olvidan cuando ya no nos consideran útiles a sus fines.

¿Cómo se conoce una moneda que alguna vez tuvimos?

Se escribe poesía para el otro. ¿Es el poeta el otro?

Casi siempre se ora pidiendo milagros.

Es inútil preguntarse por qué nos hacemos preguntas a nosotros mismos.

El profundo sueño de soñar despiertos.

La timidez es una expresión de modestia.

¿Cómo encontrar nuestro sitio en el vacío?

Hay dos soledades: la que asumimos y la soledad a que nos someten los mediocres y los envidiosos de toda laya. La propia constituye finalmente un acto de lucidez y razón.

El exilio exige pagar un enorme precio por la libertad. Son las distancias.

El mundo literario y artístico es cada vez más una sórdida bufonada.

Soy un cubano atípico: ni soy dulcero ni me gusta el juego.

Hacer vida literaria no es hacer literatura.

La poesía es un interminable examen de conciencia.

Era un mal poeta, pero era un poeta.

Desastre: La trágica imposibilidad de ponerse de acuerdo.

Esas personas que son una trágica caricatura de su destino.

La lluvia que cala en la intemperie es un secreto y enigmático bautismo.

A la criatura, por encima de las razones que le asisten, la califican según la quieran ver.

Esas terribles noches sin amanecer.

Quizás las mejores memorias que pueden escribirse son las que parten de los olvidos.

Nuestra vida no es otra cosa que una sentencia firme.

Todo lo he volcado en mi poesía, me queda demasiado por decir.

El médico me dice que la lesión que afecta mi diestra, me obliga a disparar cautelosamente con balas de bajo calibre. Bien empleadas, matan.

Mi nieto, Joseph Armando, a sus siete años, nada como yo lo hacía a sus años. Es algo que me llena de orgullo. Mi nieta, Ana María, a sus cuatro años, vive, como sigo haciéndolo, desde sus sueños, deseos e imaginación. Son tan fabulosos. Siempre es nuestra sangre la que prolonga nuestra estirpe.

¡Qué increíble regalo hallar algo que habíamos perdido!

On Poetry: Hacer lo imposible por escribirla bien. Ya escrita, contra todos los peros y adversidades, no dudar de lo escrito. A estas alturas de mi edad, no me pesa ni uno de mis versos. Y nadie puede negar el precio que he pagado y pago por esos versos.

¿Cuántas definiciones hay sobre la vida? Demasiadas. Algunas extraordinarias. Ninguna definitiva.

¿Cómo pudo encajar RAMÓN sus últimos años de patético aislamiento?

El coronel T.E. Lawrence favoreció dos *side arms:* Una Mauser y una Colt 45. Haría lo mismo.

Nunca me regalarán lo que quiero en los cumpleaños que me quedan.

Me acabo, a pesar de mí mismo, donde no quisiera.

Sé bien de los dos fríos: el del alma y el de las circunstancias. El primero es atroz. Lo horrible es cuando coinciden.

El indescriptible deseo de no tener ganas.

No voy por el mundo, el mundo va por mí.

Esos tiempos en que no se sabe cuando se gana o se pierde.

¿Existe relación entre nuestro deseo de eternidad y la comprobación de como se nos va el tiempo?

Al paso del tiempo y los golpes, la poesía se hace cada vez más un acto de recogimiento.

¿Nos borramos cuando escribimos?

Alcanzar lo soñado muchas veces se convierte en condena.

Es posible escribir una novela negando la existencia de la novela.

No podemos complacer a todos. De hecho, para empezar, no podemos complacernos a nosotros mismos.

Si construyera una casa ideal en ella no habría desniveles. Son ellos los que hacen caer a los viejos como yo.

El horror: En estos tiempos se exalta la pacotilla.

Me ha hecho todo el daño del mundo el ser auténtico, decir la verdad y no hacer el juego que se me ha querido imponer.

Tocar fondo y saberlo nos entrega al más peligroso oficio.

En mi presente y hacia mi futuro, muchas veces deseo cosas de mi pasado y de mis sueños.

Creo que siempre he tenido razón, hasta cuando las evidencias me han demostrado lo contrario.

Esas ocasiones en que me pregunto quién tiene lo que tuve, lo mío, lo irrecuperable. Gajes del exilio.

Ya no tengo la buena letra que tuve, pero escribo mejor.

Todo se me podrá negar, menos el propósito de la enmienda.

El deseo tiene demasiado de secreto.

Los frutos vienen en envases perfectos.

Cada instante que pasa quiero más y más de menos y menos.

¿Cuántas pisadas me han dado en el corazón?

Nunca se sabe si alguien nos aguarda en una casa desierta.

Si alguien se ocupa alguna vez de lo que he escrito, ¿habrá que poner notas al pie a su edición de mis páginas?

Me aterra pensar que han ganado los malos.

Cada día que pasa, vivir se reduce más a sobrevivir.

La memoria y el deseo tienen tanto de gracia como de maldición.

La desnudez es esencial a la poesía.

Contrapunto final: Estar entre la realidad y nuestra visión de la realidad.

Casi siempre tener razón es soñar.

Nunca hay que preocuparse por el lector, sólo debe preocupar la realización de la obra.

La Historia y las infamias que la modelan, siempre hace de los buenos y los justos su blanco.

Sólo es auténtico el escritor que escribe sabiendo que será negado.

Hay dos clases de abismos: Los que nos acechan y los que inventamos. No pocas veces coinciden.

Tan sólo existe un sitio ideal: El que sueñan nuestros deseos.

Levi-Strauss tenía toda la razón del mundo cuando calificó como tristes a los trópicos, que incluyen, y eso no lo dijo, a la zonas subtropicales.

Jamás dudarlo: El mejor escocés es el de malta, y el óptimo es el más añejo.

La perfecta letra de antigua alumna del Sagrado Corazón de mi madre era expresión de un orden perfecto. Cada día que pasa escribo peor.

El Mal todo lo puede desvirtuar.

Kerouac no podía más con sí mismo.

Ese imperativo que hace de la frugalidad un estilo de vida.

No hay necesidad de ir a buscar problemas, los problemas lo buscan a uno.

La caridad es pensar, ayudar y entregarse al semejante.

La muerte todo lo dispersa.

Los obituarios pueden ser una última agresión.

Escribir un poema es plasmar una iluminación.

Lo que eterniza a Odiseo es su esencia de hombre apegado sin peros al ras de mundo de su identidad y condición.

Uno puede salvarse de todo, menos de sí mismo.

¿Por qué no se sacrifica al sacrificio?

Fatal destino: Nacer en el lugar equivocado.

En el tiempo atroz de mis trabajos forzados, aprendí que la más preciosa posesión que puede tener quien nada tiene es una cuchara.

No hace falta que nos consuelen sino que nos ayuden.

Las reglas del juego: Está la lectura del poeta de su poema y está la del otro, el desconocido lector. Ambas son las justas y necesarias.

Siempre se debe hacer poesía como si se escribiese el último poema.

El peso de la edad: Tengo una agenda dedicada exclusivamente a mis citas con los médicos, a los exámenes que me indican y a los procedimientos a los que debo someterme. Es bien copiosa. No constituye precisamente la agenda ideal. Su aterradora normalidad. Es, como diría Ramón, un repertorio de apuntes para mi *Automoribundia*.

Soy un viejo exiliado cubano que vive en un denso plano de sombra. Equivale a ser Cuba.

Me resulta imposible redactar una lista de lo demasiado imposible.

Un mediodía, mientras trataba de aprovechar los escasos minutos de descanso que permitían los policías-capataces del campo de trabajo forzados, estaba tirado con otros compañeros de miserias en la acera de la morgue. Unas muchachas que pasaban dijeron al vernos: «Parece que el necrocomio está lleno y han dejado a los muertos que no cabían tirados fuera»

Cada vez más, hacer poesía constituye para mí un ejercicio de expresión de desnudez e inmediatez. ¿Su reverso? Plasmar en esa poesía una expresión de deseo, sueño, verdad y siempre, tanto por ausencia como por jubilar testimonio de plenitud.

Los ansiolíticos y los antidepresivos deben tomarse *on the rocks*.

Una de las peores cosas que ocurren en la existencia es que nos interpretan a partir de datos aislados y, tantas veces, insuficientes.

La existencia es unos dados cargados.

Siempre llega el tiempo de no tener tiempo.

Enorme pérdida: El arte epistolar.

¿Cuántas veces la caridad no se sustenta en la piadosa mentira?

Ese después que no tiene antes.

El peso de los años desboca al verdadero poeta.

Creo, *malgré moi,* que tengo un corazón de oro, pero con marcapaso.

Uno está seguro de las cosas. No hay mayor inseguridad.

Nueva Era equivale a Nueva Pamplina.

Los que me dicen enfáticos que debo cuidarme, debían ayudarme a hacerlo.

¿Cuántos poemas que escribimos son expresión de los poemas que se nos han perdido?

A quien pueda interesar: Mi color preferido es el azul. ¿Puedo decir algo más?

Apunte del cuaderno de notas de un poeta que observa y analiza todo y a todos los que le rodean: Dos cosas le llevaron a un callejón sin salida: su veracidad y tratar de mantener las apariencias.

Los niños saben que la edad de los mayores equivale a la proximidad de la muerte.

Hay que tener muy en cuenta el silencio del silencio.

Un requisito imprescindible para hacer poesía es estar convencido de que la poesía se justifica y trasciende en y por sí misma.

Un cambio de ánimo puede salvar un abismo.

Hay ángeles de la guarda que no tienen mucho que hacer. No es el caso del mío.

Dar malas noticias es parte del oficio de los médicos. ¡Lo sabré bien!

Los malos escritores siempre hacen lo imposible por imponer sus páginas, que nunca se toman el trabajo de revisar y corregir, aunque de nada sirva.

Mi esteparia memoria es mi orgullo, pero también mi tormento.

Hago cuentas para hacer un viaje, pero no salen.

Hay oraciones en que siempre se vacila entre el uso de los signos de interrogación y de admiración. ¿Llegan a ser perfectas cuando se escoge uno de ellos?

Mis médicos me dicen que todo me hace daño, lo que me hace mucho daño.

Los sueños, además de mis nietos —Joseph Armando y Ana María—, son mi mejor y suprema realidad.

En la cómoda de mi madre, en la casa de Playa Hermosa, había una foto mía tomada en la finca en mi temprana adolescencia, cabalgando mi enorme caballo blanco y llevando al cinto el revólver que me había dado Abuelo Bravo. Era todo un vaquero como los que me fascinaron en las matinés de mi infancia y siguen fascinándome a estas alturas de mi edad. Ya no hay esa finca, ese caballo, esa edad, lo que viví y sentí en ese tiempo de dicha. Otra de mis pérdidas. Todo eso y tanto más se me arrebató.

Sé que mañana, un día más viejo, seguiré haciendo, si Dios así lo quiere, lo que ahora hago. Hasta que Él quiera.

El verbo callar es siniestro.

Para explicar el mimetismo en el reino animal, la mejor referencia radica en el mimetismo de la criatura.

Podemos considerarnos muy dichosos cuando escapamos, aunque sea por breve tiempo, de nuestras circunstancias. Sí, hay milagros.

Me aterró, al leer en el día de hoy en la prensa, cuando refiriéndose a un político en problemas, precisaban que su caso judicial se producía a su «avanzada edad», sus 70 años, mi edad. ¡La idiotez del culto a la dorada juventud!

Hay que entender más allá de lo entendido.

El exilio configura finalmente la visión y el quehacer del escritor o lo destroza.

Vivimos a pedazos. Vamos a ver cómo será la muerte.

Una combinación implacable: La Historia y el paso del tiempo.

La imagen que tienen de uno no deja de ser ficción.

Cada día duermo peor. Nunca se podrá decir que no he sido fiel a la tradición familiar.

Pregunta del exiliado: ¿Si hay regreso a qué se regresa?

Suprema confirmación de mi amabilidad: Escuchar consejos.

Nunca confiar en los juegos de palabras.

El destino tiene mala letra.

Nadie entiende nada, pero hay que seguir a pesar de ello.

Jamás se debe caer en el disparate de creer que los que nos juzgan tienen razón.

Es imprescindible diferenciar entre la fe y la ideología.

¿He cambiado mucho a estas alturas de mi vida? No lo creo. Y sólo Dios sabe el precio que he pagado por ello. Pero no me pesa. De haberlo hecho sin lugar a dudas sería un patético frustrado.

Es imposible decidir qué es más bello, si una extraordinaria moneda de colección o un arma perfecta.

La validez y la impronta de una generación sólo se define cuando hace acto de presencia otra generación.

La Historia es pródiga en legarnos desperdicios.

He conocido de las lluvias en demasiados paisajes, pero nunca se asemejan a las de mi infancia, adolescencia y juventud en Playa Hermosa, en la casita de madera de mis hijas. Eran lluvias dignas de Saint-John Perse.

En mis soledades, en mis incertidumbres, en los golpes recibidos, en mis miedos y en mis ilusiones de dicha siempre tuve el asidero del recuerdo de un poeta y de sus versos, que me susurré inerme. Nunca me ha faltado tan singular y extraño consuelo y asidero.

Hoy es un buen día. Confiemos que mañana sea igual.

Táctica y estratégicamente mi casa es absolutamente vulnerable, pero más lo soy yo mismo.

¿Se acaba de acabar?

¿Qué escribiría si tuviese que escribir lo que escribí hace ya demasiado?

¿El final de la historia? Mi casa, mi jardín, mis costumbres. No hay otro paisaje y circunstancia. *Time goes by.*

Un día... ¡Y dale con lo mismo!

Todo se va y todo, no todo, queda como una curiosidad, algo significativo o insignificante.

¡La historia de siempre que me toca encajar, *malgré moi!*

Ser «un contemporáneo» –en el más básico significado de la palabra– es hacerse ilusiones.

Lo único que cuenta es la eternidad. Todo, más allá de uno mismo, es pura especulación, devorador deseo, paladeo de la dicha o pisada en el corazón.

¿Cuántas puertas me quedan a estas alturas por abrir a mis 77 años? En verdad, todo se reduce a cerrar puertas.

¿Qué puerta se debe traspasar, la cerrada o la abierta?

Tengo demasiadas ganas de no tenerlas.

No persigo mis recuerdos, son ellos los que me persiguen.

Entre paredes de sombra y olvido prolifera la sombra.

Yo estaba en todas partes porque no podía estar en ninguna.

Se baja de peso pero no de alma.

Hay obstáculos insalvables, pero uno lo es más.

La agonía llega a convertirse en costumbre.

Lo más triste es no ser contemporáneo y amigo de los escritores que leemos y releemos.

Uno puede definirse si su caballo es blanco o es negro.

La poesía me convoca desde sus blancos.

Ante la elección entre dos abismos no hay salida.

La final expresión de independencia sólo es posible pagando el precio de lo que bebemos.

Una maravillosa estilográfica no garantiza la calidad de lo escrito.

La gana definitiva es la gana de no tener ganas.

Sabemos demasiado, quizás eso es lo que nos pierde.

Alguien llama. No contesto. Hay días en que no quiero hablarme.

Hay días inexorables. Entre todas las posibles eternidades son demasiados los que tengo que encajar.

Quizás la posesión de la maravilla se confirma cuando cesa.

Ganarse la vida nos hace perder demasiada vida.

Tengo una empedernida manía: Evitar mis manías.

He tocado demasiado fondo en mi vida. Debo considerar si yo soy el fondo.

Si el camarero gaditano que me dijo hace décadas «Que haya alivio», me viera ahora ¿no me diría ahora lo mismo?

He coleccionado y perdido muchas cosas. ¿Se pueden coleccionar los desastres?

He cazado, he pescado y he hecho verdaderos disparates en que me podía ir la vida. No me movió la urgencia de probar nada. Todo eso lo recuerdo como una plenitud. Ahora me cuido, aunque no demasiado, lo que es abrumador y limitante. ¿Es esto el reposo del guerrero?

Soy una versión corregida y aumentada de mis padres y de mi abuelo Bravo. No puede concebirse nada semejante con tan disímiles componentes, pero creo que lo llevo bien.

Sí, es un imposible.

Uno de mis secretos placeres y tormentos es considerar todo lo que pude ser. La siempre implacable Historia determinó mi existencia. La dicha es la inexplicable aceptación de ser tal cual se es y no hacerse imposibles ilusiones. Ya no tengo tiempo para hacerlo. ¿Tiene eso alguna importancia? Vivo al día y en el siempre.

Siempre me he debatido entre dos urgencias: recordar y olvidar.

Nadie que no lo haya experimentado puede saber lo que es estar entre dos aguas, faltándole el aire y las fuerzas para alcanzarlo. *That's life.*

Creo y tengo fe, pero tan mal e insuficientemente. Soy el más difícil hijo de Dios. Quizás eso es lo que me salve.

La distancia de mi patria, de mis lugares, de los que quise y quiero, de lo que ahora son recuerdos de lo perdido, son testimonio de mi identidad. No hay más terrible condición que la del exiliado.

Sólo Dios no se despide.

Es posible no tener espacio ni en la intemperie.

La entrega a hacer poesía permite descubrir con los años que lo escrito tiene el ritmo de las mareas.

Lo terrible de los consejos que se empeñan en darnos es que los que los dan no tienen la menor idea de que esos consejos ya nos lo hemos dado a nosotros mismos.

Una señal aterradora de los tiempos que corren es que tengo que comprar tinta por correo en escogidísimas y especializadas tiendas.

La importancia de lo que escribimos no radica en el punto final en cualquiera de nuestras páginas, sino en lo que nos dicen esas páginas a nosotros mismos al paso del tiempo.

Hay días en que el mayor acierto es equivocarse.

Tengo casa, paisaje y circunstancia ideal en mis deseos y mis sueños. Tengo, de igual suerte, que amoldarlos a mi casa, paisaje y circunstancia y reconciliar en ellos mis imposibles.

No hay nada semejante a soñar bajo la lluvia.

Trato de enseñar a mis nietos con mis juegos. Muchas son las pérdidas con las que nos reduce la vida, ninguna más atroz que la pérdida del sentido y la voluntad lúdica.

A la hora de establecer diferencias, cada criatura lo hace a su manera. Es bien difícil comprenderlo y encajarlo.

La violencia es inherente a la inocencia, de ahí su vulnerabilidad.

No hacerse ilusiones: Los sueños no se pueden antologar.

Mi ejercicio de la crítica es un empeño tan inverosímil como lleno de sinsabores. Dedicarse con puntualidad a ejercerlo constituye una expresión definitiva de la voluntad de fundación y de resistencia a la negación y el antagonismo y la soledad. ¡No hay más inexplicable, imprescindible y demoledora adicción! ¡Nos cuesta todo!

Todo en mi vida pudo ser muy distinto a lo que es. Eso sólo demuestra que nunca jugué con las cartas marcadas para mi beneficio.

Lo primero en que me fijo de una casa es en la puerta. Es la casi indescifrable clave de lo que se cumple tras ella.

El *currículum vitae* es la última y más nueva forma de la ficción.

Hay todo un botín de guerra en la reivindicación de lo que se hizo. Lo atroz es que se dejó de hacerlo. Y, sí, eso es un nuevo y fructífero botín.

Lo que hace polvo a la criatura es querer quedar bien.

Siempre tener presente la epifanía de la muerte.

Toda peregrinación es un viaje al sitio en que hubiésemos querido ser y estar.

El espectro de mis copiosas tentaciones se ha reducido al paso del tiempo. Las hay, es cierto, pero ninguna más constante que empezar, con buena letra que devendrá casi ilegible hasta para mí, una nueva libreta.

Nunca estoy más en lo cierto que cuando sueño que sueño.

La sangre manda.

Escribí y se perdió lo escrito. Sigo escribiendo y tengo la seguridad de que mucho de lo que escribo se perderá. La historia de mi vida. Seguir escribiendo. De eso se trata.

En mi casa soñada hay una rosaleda.

Mi vida, contra lo que pueda suponerse, es un edificio de palabras.

Porque sabe, el poeta ignora su última palabra.

¿Cuándo acabaremos de darnos cuenta de la inmediatez de la eternidad?

No hay peores resacas que las del alma.

Dios siempre nos escucha y cuando no nos responde esa es Su respuesta.

Si hay algo que evitar a toda costa es deslizarse en las propias insuficiencias.

He pasado de leer a releer. Finalmente comprendo lo escrito.

Una manía puede ser una virtud.

Una buena cerradura en el alma nos puede guardar del desastre.

Sé lo que es no tener nada material. Una atroz noche invernal madrileña, mi modestísimo lecho se incendió por la proximidad del pequeño radiador que me habían prestado para que me calentase. Las llamas me quemaron los pies. Esa quemadura me confirmó que tuve una enorme suerte en ser un exiliado.

Por todo hay que pagar un precio. No he hecho otra cosa que pagar los precios que me ha impuesto la vida. Ya, sólo tengo dos deudores, Dios y yo mismo.

Mi entrada en el mundo de la poesía se debe a mi madre, Ana María, y sus lecturas de los versos de los poetas que ya están en el siempre de la poesía, y «El libro de la poesía» de *El Tesoro de la juventud,* que quisiera tuviesen mis nietos pero que ya es imposible encontrar. No me canso de buscarlo. Pero la poesía es un milagro y pido a Dios que sea dado a mis nietos en este mundo al revés. Así sea para su bien y compañía en sus vidas, tan preciosas para mí.

Hace demasiado tengo pendiente una carta. Sólo tengo que elegir un destinatario.

Llega un tiempo, como el mío, en que uno tiene una deuda con la vida. Lo que no puede ignorarse, en toda justicia, es que la vida tiene una deuda con uno.

El empecinamiento no deja de ser demasiado una defensa de la razón.

Nada más natural e injusto que un escritor excepcional sea reducido a la sombra. Va con los tiempos que corren. Sólo que, con el favor de Dios, el escritor queda y pasa el tiempo.

¿Se puede enviar una carta que todo lo dice en blanco?

Toda la lluvia se resume en el goteo del extremo del tejado que veo desde la ventana de mi cuarto de trabajo desde el que siempre veo una rosa amarilla.

Lo tremendo de los lugares comunes es serlo.

Quisiera llegar un día a mi casa, tocar a la puerta y esperarme a mí mismo abriéndola.

Tengo una memoria esteparia, algo tan magnífico como terrible, pero nunca me he permitido por decencia y por pudor aprender uno de mis poemas de memoria.

Lección de mi padre, un hombre tan refinado como duro, algo que me sigue costando mucho trabajo comprender: «Si llevas un arma contigo, tienes que usarla cuando sea necesario. Si tienes que disparar más de tres veces, estás perdido». Es por eso que mi arma cotidiana es un revólver de cinco tiros. Me sobran dos.

En mi adolescencia y temprana juventud me gustaba hacer cosas peligrosas. Ahora sé que eran un disparate. ¿Qué quería probarme? Carece de importancia a estas alturas de mi vida. Ahora sé que la existencia no cesó de ponerme pruebas mayores. Final de la historia: Sobreviví, pero tanto los recuerdos como las cicatrices duelen.

En la casita de madera de Abuelo Bravo, en Playa Hermosa, Guanabo, fui feliz y lo fueron mis hijas en tiempos terribles. No hay retorno ni a esa casa ni a esos tiempos. Ni sé si la casa sigue en pie y estoy seguro que el paisaje y las gentes son otros que no puedo encajar. La implacable fatalidad de la Historia. Es bien simple: Soy un hombre sin regreso.

De lo único que no se puede escapar es de la memoria y del deseo.

¿El final lugar común? La muerte.

Saber es un desastre. No saber es otro.

Llevar un antiguo y roto reloj en que el tiempo no pasa para catalizar los sueños.

Nuestra pipa favorita nos conoce mejor de lo que nos conocemos a nosotros mismos.

Debía intentar redactar un inventario de las puertas que me cerraron y que me cerré.

Mis manos guardan la memoria de mis caricias.

La pérdida puede convertirse en un oficio y un modo de vida.

Debo depositar toda mi confianza en que Dios sabe que no sé.

Tengo las manos y el alma chamuscadas de ponerlas en el fuego por los demás.

Se vive entre dos abismos: el que se tiene delante y el que se imagina.

He tenido cosas increíbles pero nunca unos dados cargados.

Los pies en la tierra: Hay muchas cosas que quiero comprar pero carece de sentido el hacerlo.

Afilados lápices, un sacapuntas, una estilográfica, un regla, una goma de borrar, un tubo de goma de pegar, quizás una pequeña tijera, una diminuta presilladora: la ideal cartera del escolar. ¿Hay otra? No la necesita un poeta. La poesía es la infancia y el siempre.

A fin de cuentas, no se trata de descubrir, sino de redescubrir.

El paisaje puede ser un espejismo. El espejismo puede ser destino.

Hay visitantes esperados, inesperados, deseables e indeseables. Llego a casa.

¿Qué no dije claramente lo que debía decir? Nunca he sido más claro.

La plenitud encarna a partir de sus vacíos.

Es bien sabio confiar en las propias dudas.

Las rosas son la ideal encarnación de nuestros sentimientos.

¿Cuál es el error del error?

Ya no enciendo hogueras en la noche, eso la merma y me merma.

A los nietos hay que decirles cosas insólitas, imposibles, fabulosas. Son la última verdad y maravilla. Su delicia.

Se debieran tener todas las tacitas de café en torno a las cuales vivimos a plenitud.

Soy ese extranjero que está donde no estaría si hubiese podido estar donde sueña.

Ese momento inasible en que la noche despierta somnolienta.

Un desconocido que toca a nuestra puerta puede ser un mensajero de qué.

Nunca se sabe bien que bien se sabe.

Hace fatalmente demasiado tiempo que bien sé que hace demasiado tiempo.

Estoy tan cansado que hasta el cansancio me cansa.

Quede bien claro que a fuerza de pisadas en el corazón soy un poeta de clausura.

Todos los que llegan incesantemente al exilio, demasiados sin romper categóricamente con el totalitarismo castrista y hacer un debido y auténtico acto de contrición, siguen como quiere que se mire, al servicio de su infamia conjugado con los más deleznables y fructíferos intereses personales, lo que ya ha adquirido la categoría de abominable tradición. Son acogidos con toda suerte de celebraciones y beneficios. El pan duro de nuestro día. ¿Cuba y su pendiente posibilidad? Otro de los sueños del viejo que soy en el ingrato plano de sombra en que se precipita mi acabamiento. Ya sólo me quedan mis recuerdos y deseos. Tengo, eso sí, a los míos, en que son plenitud: mis nietos, Joseph Armando y Ana María, ahora tan lejos. Mi patria y mi vida están en su cariño y en mis sueños y deseos. No me engaño. La Historia sigue y seguirá siendo un inmenso desastre. Que Dios me auxilie y ampare para soportarla.

Hay días que no saben que hacer con uno.

No hay espejuelos para ver el mundo tal como se quiere que sea.

No quedan tiendas en que se puede comprar lo maravilloso que uno quiere.

Hay dos verbos inseparables: llover y escampar.

Mi nieta, Ana María, sueña con vivir en una mansión. Hay una mansión que desea desesperadamente que Ana María viva en ella.

No acabo de comprender porque vivo en una casa en un sitio en que no sé quién es mi vecino.

Nunca he encontrado ese espejo negro que usaban los grandes pintores para ver la precisión de sus rasgos en el lienzo. Por eso dudo de todos mis poquísimos retratos.

No es exageración. Se acaba por comprender lo que es incomprensible. Si no se hace se está perdido.

Ante cualquier desconocida cosa que hallamos y recogemos, dejarse llevar por su enigma.

Ya las monedas de oro y de plata son rareza, costosa inversión y casi materia de ficción. Nos empobrecemos.

Antes de cotidianamente leer la prensa y ver los noticieros es aconsejable tomar un ansiolítico.

Las madres se hacen al serlo. Los hijos se hacen sin saberlo siendo buenos.

La confianza es producto de ser desconfiados.

La escalera cae por sus peldaños.

Nunca cae el silencio. Siempre se levanta y crece.

Hay libros que se leen como si se hubiesen escrito.

Los hijos se comprenden plenamente cuando comienzan a mandarnos en la vejez.

El libro va camino de ser sustituido por un ingenio electrónico. Se pierde la sensualidad de lectura.

Un nuevo sombrero nos regala una nueva visión de nosotros mismos en el mundo.

El bastón no deja de ser elegante aun cuando haya que usarlo por necesidad.

Las lluvias nos dan una inexplicable identidad. La mía la tengo bien clara. Es Playa Hermosa, Guanabo. Cada vez que llueve comparo el diluvio que cae con los de allí, únicos para mí. Por eso cuando mucho llueve siempre digo: «Como llueve en Guanabo».

Hay libros ¡cuántos he escrito! y «libritos»! Empezamos y abandonamos los libritos; los creemos terminados, suficientes; los archivamos y, de pronto, reaparecen y vemos que dan más y para más. Volvemos a ellos sin verles término. Son un delicioso juego y, sí, escritura. ¿La explicación de este hecho y proceder? Que todo lo que se escribe, libro o librito, tanto vale y es.

Quizás los días tengan la nostalgia de las horas que perdieron.

¿Existe el día en que se olvida lo demasiado que se recuerda y atormenta?

Mi madre, Ana María, en la constancia y sucesión de los días, me enseñó lo que es la vida, como es y como debe ser. Es algo bien complicado y difícil. Lo hizo con infinita dulzura...

Hay tanto que desaprender para que no nos devore la realidad.

Nuestro maravilloso perro siempre nos conocerá mejor que lo que lo conocemos a él.

Tal como va el mundo, y nosotros en y con él, no puede desdeñarse mi juicio de que «Todo el mundo es malo hasta que pruebe lo contrario».

Si hay un agua de la que no debes beber, tómate un escocés de malta.

Cuidarse de las elegías: Eternizan las pérdidas.

No escogemos al santo de nuestra devoción, lo hace el latido de nuestra existencia.

Lo mejor es no ser testigo de la propia muerte.

Todo reguero es un orden distinto, inédito, irrepetible.

¿La fatalidad? Podemos fugarnos de todo, menos de nosotros mismos.

Debe haber sido a Jesús, tan humano hacia y hasta la infamante cruz, bien difícil serlo.

Cuesta demasiado lo que no tiene precio y es imprescindible tener.

Entre ruinas hay que cuidarse de que a uno no lo confundan con otra ruina.

Siempre quise tener la mejor estilográfica. La tengo. Mi letra va a peor. La mejor estilográfica no hace la mejor letra. Lo que cuenta es lo que se escribe.

No es verdad eso de que «se acabó lo que se daba». Cuando algo lo hace quedan sus ruinas, que siguen dando. ¿Qué? Pendiente de respuesta.

Quizás, y lo digo con infinita e insuficiente modestia y cautela, las pruebas que Dios me ha puesto y no deja de ponerme...Mejor me callo y las encajo.

Ya, para llorar, no hay señoras de abanico, con el que tanto decían. Ni las hay, tan encantadoras, con... ¡Ya una señora es un milagro!

El estar de la presencia puede borrarnos por su esencia y naturaleza. Difícil de comprender, pero definitivo.

Hay un día que en no hay un día. Es el final de nuestra historia.

No hay analgésico que valga cuando duele el alma.

Por más y mal que se escriba una palabra, dice lo que debe.

Tuve tan buena, preciosa letra. Ya es un garabato.

Mi gran y mayor bendición es que mis hijas me aceptan a estas alturas de mi edad tal como soy, padre y abuelo con todas mis majaderías. ¿Qué más puede pedirse y quererse?

La Habana era una ciudad tan moderna como antigua. En eso radicaba su magia y encanto. Y para mí, su decantación, era El Vedado. Siempre lo consideré toda la tierra. Todo podía encontrarse en su tan amable como caminable geografía. En todos mis viajes, por mítico que fuese el sitio en que me hallaba, siempre lo comparé con la Habana y, va de suyo, con mi entrañable El Vedado, dos espacios que cada día que pasa más me faltan. Y sí, aunque feliz por mi suerte de ser un viajero, siempre pensé que lo mejor que podría pasarme era volver a los paisajes de mi origen y fijos y nostálgicos recuerdos. Es una posibilidad que me arrancó el destructor de esas plenitudes: el totalitarismo castrista que me lanzó al destierro y me impuso atroz el incalculable precio a pagar por la distancia que separa de todo lo que cuenta en la vida. No es otro el precio a pagar por el exilio. Voy a morir escribiendo mientras pueda donde no debía. La mía es otra triste historia cubana.

La muerte ni se aburre ni se cansa.

Hay esos días en que uno amanece en blanco y que si algo escribe sabe que no vale la pena.

¿Qué es lo que más puede desearse a los 77 años? Salud, seguridad económica, tranquilidad, la cercanía de la familia y todo el tiempo del mundo para hacer lo que se quiere. No es otra cosa lo demasiado.

Una pregunta que me hago desde siempre: ¿Se pierden las pérdidas?

¿Cómo se pone fin a un texto, a un libro? Muy sencillo. Se piensa y se sabe que ha llegado el momento de decir: *Over and Out*. Sea con estas *Singladuras*.

UN PUÑADO DE CUENTOS

ANOCHECER DE REINALDO ARENAS

Ya es hora. No doy más. Bastante duré y no sé ni cómo. Lo suficiente para acabar lo que tenía que acabar. Libros, lo único que he hecho. Mi pasión y razón. Contra viento y marea. Allá en la Isla, hostigado, maldito, escondido, a la intemperie. Siempre buscando desesperadamente papel, cintas de máquina transparentes de tanto machacar sobre ellas, hasta una dichosa máquina de escribir. Escribiendo de un tirón. Escondiendo el manuscrito, casi siempre sin copia. Perdiéndolo. Volviendo a escribirlo y a esconderlo otra vez hasta que lo pudiera sacar fuera. Culpable por escribirlo, culpable por sacarlo, culpable porque se publicó. Culpable por lo que dice. Culpable por lo que no dice. Culpable por no aplaudir. Culpable por homosexual, que aquí, donde todo tiene que ser políticamente correcto, es una preferencia sexual. ¡Qué se lo digan a los policías de allá! Culpable por antisocial y contrarrevolucionario y por estar vivo. Culpable por malagradecido a la revolución que me lo dio todo, patadas y más patadas, y más culpable por guajiro. Culpable porque tengo dientes postizos. Culpable porque me sudan las manos. Culpable por ser. ¿Hubo algo en el universo de lo que no fuera culpable? Porque allí, en la Isla, hay tres tipos de personas: los culpables, los que los culpan y castigan implacables a los culpables designados, y los que se consumen evitando a toda costa ser culpables y haciendo increíbles e insólitas piruetas para no verse en la obligación de culpar. Al final, todos son culpables. No hay escapatoria. Porque el sistema se alimenta de culpa. Se perpetúa a partir de la culpa. Lo único que hay allá y que sobra es culpa. No hace falta la libreta de abastecimientos, ni colas, ni paquetes de la familia de Miami, ni tratos más o menos dudosos con extranjeros, ni mercado negro para adquirirla. Tanta es la culpa que hasta los encargados de castigarla pueden convertirse de golpe en culpables y engrosar atónitos las filas de los culpables. Pude escapar milagrosamente de esa sentina de culpa declarando con minuciosidad ante los fiscales, jueces y verdugos de la culpa que era reo de todas las abominaciones y las culpas posibles e imposibles. Un monstruo. Mi expediente carcelario daba sobrada cuenta de ello. ¡Días espantosos aquellos! Los policías y los aterrados que querían quedar bien con los policías, los que no querían buscarse problemas, cometieron todo tipo de atrocidades. No importó que sus víctimas fueran hombres, mujeres, niños, viejos, inválidos, locos y enfermos. De golpe se desató el aquelarre de los actos de repudio. Sitiaron con violencia a la gente en sus casas y sus trabajos, los pasearon a golpes y escupitajos por las calles, los desnudaron y sometieron a todo tipo de humillaciones y los insultaron hasta quedar roncos. A muchos los mataron. Éramos la escoria. Y todo porque queríamos largarnos para siempre, a cualquier precio, de la culpa. Tanta era la furia de los policías que su odio también se volcó sobre los no integrados, sobre los que no pensaban ni podían marcharse. Un caos como nunca antes se vio. Así, nos mezclaron con empedernidos y salvajes delincuentes comunes que sacaron masivamente de las cárceles, con locos peligrosos que abarrotaban manicomios de horror. Nos redujeron a un campo de concentración junto al mar, en que mantener la integridad física y la razón era un milagro. Allí, siguieron torturándonos física y sicológicamente. Separaron a las familias. A muchos, les negaron la salida y los enviaron a realizar trabajos forzados. La eficacia y la brutalidad policial fueron modélicas. De igual suerte, su astucia para incluir a sus agentes y espías entre la escoria y los inermes privilegiados en los umbrales de su sueño de libertad. Y, por supuesto, en aquel despetronque, la avalancha humana también se nutrió con súbitos conversos: oportunistas sin escrúpulos y esbirros que botaron el carnet del Partido confiados en la mala memoria del cubano. Fui muy afortunado gracias a la confusión que a veces se producía entre los que con sadismo inapelable determinaban cruelmente quien partía y quien se quedaba. Sí, me puse dichoso a pesar de todo lo que tenía en mi contra. A pesar de ser una no persona y un apestado. Llegué a Cayo Hueso en una embarcación atestada que varias veces estuvo a punto de naufragar. Pasé los trámites migratorios. Vine a Miami. A la inesperada libertad. De súbito era un guajiro de manos siempre sudorosas que disponía de la posibilidad de elegir. Un marielito que no tardó en descubrir que los marielitos eran un cuerpo extraño en el exilio que, aunque se volcó en su ayuda, no tardó en crisparse por la conducta de los delincuentes y los locos que los policías sacaron de la Isla con la siniestra intención de crear problemas. Se instauró el malestar y pagaron justos, la mayoría, por pecadores. ¡Otro golpe al imperialismo! Me puse a escribir de inmediato. Traté de poner al día y en orden mis asuntos, que en Cuba jamás pude controlar. Hice todo lo posible no sólo por borrar esa imagen negativa que nos manchaba injustamente, sino también para propiciar el que nuestra creación consolidara aquí el espacio que se le negó allá. Me impuse ganar el tiempo perdido y producir lo que tanto tiempo fue proyecto, a la par que hacer frente, con la misma intensidad, a todas las malignas agendas del régimen en el exterior, muy especialmente en el mundo de la creación y la cultura. Algunos me ayudaron. Otros tantos me marginaron sutil o abiertamente. El exilio no es igual para todos y para cuántos no es exactamente una responsabilidad insoslayable hacia la libertad y la democracia. Se han acomodado a las complacencias a su alcance, a la buena vida, a todo aquello de que carecían en Cuba. Me fui para Nueva York con y sin ilusiones, pero con la certidumbre de que aquí podía mantenerme en un plano de sombra y no perder el tiempo. También en busca de unos horizontes más amplios. ¿El dinero para vivir? Nunca tuve mucho, las más de las veces no tuve. Nada de que asombrarme. El hambre, la necesidad y los trabajos no son nada nuevo para mí. Soy capaz de vivir bajo una piedra. Aprendí a hacerlo hasta la saciedad en la Isla. Ese fue un buen entrenamiento. Porque aunque publiqué bastante, apenas vi el producto de mi esfuerzo. En otras ocasiones, éste no fue o fue patéticamente risible. De hecho, escribir y publicar en el extranjero, mi única alternativa y otra de las grandes herejías contra las que se vuelcan apocalípticas las iras de los policías de la cultura, me convirtieron en un delincuente, un paria, una no persona, un desamparado, un perseguido. Acabé finalmente en prisión. Entre los presos comunes. Puro delirio y horror. Una versión corregida y aumentada al otro lado de las rejas. Con esos recuerdos de pesadilla, aquí, donde la supervivencia se rige por otras apremiantes leyes, de inmediato me vi obligado a incorporarme a una nueva y vertiginosa realidad. Debí aprender hasta moverme entre la gente. A ajustar las imágenes de este mundo a las imágenes que me había hecho de él en aquel otro mundo que había dejado atrás. Pero aquí no todo es miel sobre hojuelas y la realidad, aunque muy otra, sigue siendo la realidad, y el deseo, el deseo. Es muy simple. Aquí, los escritores disponen de una serie de fuentes de entrada que muchas veces les permiten dedicarse sin zozobra a su obra. Son las becas, conferencias, artículos, cursos y seminarios, lecturas, prólogos, cuidado de ediciones, participación en jurados y el servir de lectores en editoriales... Ahí están tentadoras esas ofertas. Apenas se me dieron. Nunca me extrañé de ello. Porque el control de esas gratificaciones está en manos de instituciones culturales, la academia, publicaciones y editoriales. Y en casi todas ellas, abierta o enmascaradamente, la izquierda festiva es quien decide. Nunca fui persona grata para esa manada de miserables mediocres y unos pocos infames con talento y, por tanto, más nocivos y peligrosos. Por el contrario, era un demonio. Sencillamente, no me perdonaban el que fuera anticastrista. El que gritara contra la abominación en que había estado sumido y en la que Cuba se hunde cada vez más. El que no quisiera hacer el juego a sus agendas, ni siquiera como disidente, algo que ahora viste y rinde mucho. Por otra parte, qué triste y absurdo y demencial, el exilio, salvo contadas excepciones, no ha volcado sus recursos con constancia y sin limitaciones en pos del desarrollo y la consolidación de nuestra creación y cultura. Ese final signo de identidad cubana y eficaz instrumento de enfrentamiento al régimen en la arena internacional. Más en mi contra, que es tan poca cosa ante el interés mayor de la Patria. Sí, por encima de mi acumulación de adversidades y limitaciones, y más allá de lo que he podido alcanzar con mi obra —que a los que están en la Isla, a pesar de su talento y calidad, les está vedado— esos hechos me desgarraron y llenaron de furia. Comprendo el tenaz y siniestro juego de la izquierda, no nuestro proceder. Digamos que soy más afortunado que los que ven perderse su labor en Cuba y los que aquí se consumen invisibles. No, no veré los nuevos desastres que el infernal programa de la izquierda y nuestra conducta inevitablemente engendran. Ya he llegado al límite de mi resistencia física y, con ello, al de mi furia, que es mi tumultuosa existencia. Si no hay un vuelco total al cabo de tanta muerte, sufrimientos, separación, desmanes y horror, cuando se concrete la posibilidad de libertad y democracia para la trágica Cuba, cuando llegue el inevitable e imprescindible momento de la justicia y la compasión, los exiliados y los cubanos decentes y tiranizados en la Isla, comprobarán inermes que sólo tienen ante sí un castrismo sin Castro, en el que los policías y los verdugos de siempre y sus cómplices de este lado del mar se pondrán la casaca de redentores. Lo más horrendo que puede acontecer a un pueblo. La única gran rumba final con toda la compañía que falta a nuestra historia. ¡Y mira que hemos bailado! Pero para mí termina el baile. El baile histórico, el baile político, el baile literario y el baile personal. No más desfile. De todo lo que puedan decir de mi participación en la cumbancha, lo que me tiene sin cuidado, sólo habrá una cosa que no podrán endilgarme: nunca dejé de bailar a mi ritmo. Como un trompo. Contra la música subalterna, las fanfarrias y las marchas triunfalistas. Bailé como un alucinado hasta cuando no había música. Hice, allá y aquí, lo que me dio la gana cuando y como me dio la gana. A grito limpio. Hasta desgañitarme. Sin sujetarme a ninguna regla, ni plegarme a ningún interés, ni bandería. Desconociendo advertencias, consejos, críticas, reproches, infamias, golpes y peligros. Fiel al latido de la intensidad de mis pasiones. Sí, he vivido a tope. Amé el mar. Escribí lo único que podía escribir. Páginas incesantes dictadas por la memoria, el sueño, la imaginación, la realidad y su otredad. Fui, sin importarme el precio a pagar, infatigable e inflexible en la pública condena de los enemigos de mi Patria y la libertad. Abominé de la hipocresía, la mediocridad, el resentimiento y la envidia que desató el castrismo. Escribí con cruda franqueza sobre mi propia vida y sus demonios, que, aunque nunca me lo dijesen, a muchos espantaba. Su problema. No dejé aquello para ser otro, sino para poder ser yo mismo al máximo. Así, denuncié a golpes de palabras a los falsos amigos, los oportunistas y los traidores. No di tregua a los miserables. Condené lo deleznable, que a tantos encandila. Anduve a ras de mundo. Me entregué desbocado al placer y encajé el horror. ¿Más? Soy deudor de la dicha que me prodigó el escribir bajo presión cada una de mis páginas, que pudieron ser más cuidadas, pero que están escritas para el siempre. Ellas son mi copioso legado. Mi justificación. Pero hay tantísimo más. Nunca me faltó la maravilla de la lectura, la gracia inagotable de la poesía. Tuve el privilegio de la amistad y la intimidad de unos pocos grandes que admiré y quise. En la soledad y la desesperación nunca carecí de la desinteresada y entrañable solidaridad de alguien bueno. No falta a mi memoria el recuerdo y la iluminación de la dicha. Viví siempre entre la pobreza, la intemperie y la frugalidad. En la cocina del diablo en que habito desde hace unos años y me muevo a mis anchas, soñé, padecí, sentí, amé, forniqué y corrió el tiempo para mí como para cualquier anónimo hombre de a pie, y pude escribir torrencialmente, como único sé hacerlo. Cuando me falló la salud y mis días comenzaron a estar contados, yo, que no creo o creo a mi manera, pedí a un Dios desconocido que me diera el tiempo preciso para acabar lo que faltaba a lo que consideraba culminación de mi obra. Contra toda razón y lógica, se me concedió. Ahí están mis manuscritos. No puedo aspirar a más, después de ese demasiado que otros llamarían milagro. Ahora, soy una sombra de mí mismo. Puro hueso y pellejo. Un espectro. Cada instante que pasa más débil y frágil. En cuestión de semanas o de días, a estas alturas es difícil de decir, entraré en un irreversible estado crítico. No me salva ni el médico chino. No quiero ese fin. La estéril agonía de una vida prolongada artificialmente. Es por eso que durante estas últimas semanas he puesto en orden mis cosas. Es lo único decente que puedo hacer para evitar trabajos y complicaciones a quien deba ocuparse de mis arreglos póstumos, unas gestiones que siempre son engorrosas. Con plena conciencia de cada una de mis palabras, he escrito, para que se haga pública, una carta. Ya está en correos. No hay vuelta atrás. En ella responsabilizo por mi muerte a Fidel Castro y su régimen. No existe, dígase lo que se diga, otro culpable. De eso morimos todos los cubanos.

También he dispuesto la cremación de mis restos y que mis cenizas sean esparcidas en el mar de Cayo Hueso, lo más cerca que hay de Cuba. Me ilusiona pensar que tan siquiera una partícula de ese finísimo polvo llegue a la arena de las playas donde fui feliz, hallé paz de espaldas al infierno y me entregué desbocado a los apetitos de mi sensualidad. Es la alta noche y hay aquí un inmenso silencio. Todo está tan tranquilo. Esa paz es como una música. Junto a mí, el enorme vaso de agua que me recuerda a los enormes vasos de grueso vidrio de los guajiros cubanos. Voy tragando lentamente las pastillas, sorbo a sorbo. Su efecto será muy rápido. Se acabó este espíritu burlón. Ahora, ¡que trine Eva!

EL CHALECO INTERIOR

A la memoria de Enrique Labrador Ruiz

El calor era sofocante a pesar de la marquesina que cubría la terraza del modesto apartamento en la zona más degradada del casco urbano. Su margen de sombra tan sólo mitigaba el hostil resplandor de la media tarde, pero no neutralizaba la fija oleada de aire caliente y húmedo que penetraba por la puerta y la ventana.

Su viejo amigo, el escritor, ahora tan frágil e inerme, estaba sentado en su sillón, ante un gran retrato tomado en La Habana hacía ya varias décadas. En la fotografía, el escritor y su mujer ocupaban un sofá; tras ellos, recostado al respaldo, había un hombre cuyas facciones y físico recordaban a un Picasso en la mitad de su vida; miraba con penetrante fijeza a una lejanía que sólo él parecía vislumbrar. Era Ponce, el pintor.

Ahora el aspecto de su amigo era muy distinto al de la poderosa figura de la vieja fotografía. Estaba muy delgado. La ropa no se ajustaba a su cuerpo, sino parecía envolverlo, y de aquella apariencia desafiante y segura sólo prevalecían las profundas líneas del rostro, atenuadas de forma implacable por el paso de los años y un cansancio definitivo. Únicamente sus grandes ojos saltones conservaban la intensidad que marcó su vida, pero el brillo de aquella mirada había perdido la tensión constante de su desafío. Lo opacaba una tristeza que no lograban disimular ni su todavía deslumbrante conversación, ni el flujo de su humor y su ironía.

—Creo que es hora de ponerse el chaleco interior. Es lo mejor para el frío que va por dentro y para el de verdad, que aquí es un cuento —dijo su amigo, señalando a la botella de whisky que le había llevado, mientras le pedía a su mujer unos vasos, recordándole que no cometiera el sacrilegio de echarles hielo, pues sólo los desalmados que no saben tomar eran capaces de esa profanación.

Una vez que llenó generosamente los vasos, aspiró el aroma del whisky y, con un leve ademán, hizo un breve y silencioso brindis.

—Esto es parte esencial de la vida, la poca que me queda —sentenció saboreando la bebida—. La gran infamia es que hasta esto me lo quieren quitar. Los médicos me machacan diciéndome que si el alcohol es malo para mi salud, que debo cuidarme y cuanta garambaina se pone a tiro. Y esta mujer les hace caso. Se creen que soy una momia de hojaldre. No lo dudes, lo peor que le puede pasar a uno es ponerse viejo y perder su país. Te conviertes en un palito barquillero.

El visitante sonrió. No podía quitarle la razón a su amigo. Ya era un hombre maduro, se sentía atrapado por las circunstancias de su vida, que él mismo consolidaba con la tenaz rutina de sus días idénticos y su pasividad. Era un superviviente que no acababa de rendirse y estaba ante un superviviente que únicamente aguardaba el fin. Alguien que se hallaba cada vez más solo con su memoria, limitado por las servidumbres de la edad y una estricta economía. Su propia gente lo había relegado con culpable indiferencia y superficialidad al olvido. Su soledad tan sólo se rompía en ocasiones con la visita de unos escasos amigos o cuando ocasionalmente venían a buscarlo para utilizar su prestigio.

—¿Cómo van esas memorias? —preguntó el visitante.

—En estado de gracia, en el limbo de la posibilidad —respondió su amigo—. Se me hacen difíciles. No son coser y cantar. Ya no rindo como antes y no hay estímulo, aunque sea para meter la cuchareta. Se harán si se puede. ¿Recuerdas lo que te dije cuando nos conocimos?

—¿Piensas que lo podía olvidar? No fue lo que pensaba escuchar un muchacho de dieciocho años que empezaba a escribir poemas y cuentos.

—Te dije que lo importante era que te buscases dos o tres botellas en el gobierno, porque lo básico era asegurar el techo y el potaje —hizo una pausa y sorbió otro trago—. Y que, bien seguro de que estabas acomodado, escribieses lo que te diera la gana como te diera la gana, porque en aquel país de mierda, escribieses los que escribieses, nadie te iba a hacer caso. Ahora te endilgo, muy a mi pesar, que si no escribes, tampoco pasa nada, y hasta puede resultar más llevadero.

—¿Sabes cómo me dejaste con ese consejo?

—Como te hacía falta, con los pies en la tierra, aunque entonces no lo comprendieses. ¿Me equivoqué?

—No. Sólo que nunca me embotellé. Tampoco hice nada para lograrlo. Me parecía una desvergüenza. Algo que contaminaba mi vocación, la obra que quería escribir.

—Eso te quedó bordado. Son palabras dignas de Rilke, que fue un botellero sublime, porque le tocaron las vacas gordas y no le hizo ascos.

—Era otra época.

—Siempre es otra época. ¿Y tú sabes lo que eso significa? Este desbarajuste. Se acabó lo que se daba, y aguanta callado porque te parten las patas. Hay que encajar que perdimos un país que imaginábamos y este sitio es una patética y rastacuera parodia de aquel país. Aquí estamos prestados y no queda allá.

—¿Quieres decir que se cerró el capítulo de la imaginación? No puedo creer que tú digas eso?

—Depende de cómo mires las cosas. Allá, entonces, aunque uno fuese un atravesado, era posible adueñarse de un paisaje en el paisaje y habitarlo a fondo. Las cosas te tocaban de otra manera. Hasta en la asfixia había respiro. Con lo que quiero decir que uno elegía su propio paraíso y su infierno, aunque estos llegaran a confundirse. Lo que sucede es que ahora son otros, que no entienden, ni toleran que no se vaya a su paso, los que tienen la razón por el mango, y en este berenjenal a nosotros nos cogió la confronta. Estamos de más.

—¿Entonces?

—No voy a sofocarte con explicaciones. Son demasiado complicadas y qué resuelven. Lo que no me cabe duda es que para los que están o quieren estar al bate, tanto allá como aquí, somos una referencia indeseable. Representamos lo que ellos nunca fueron, ni podrán ser.

—Como que se acabó lo que se daba.

—Hasta el pan de piquito. Muchas veces pienso que nunca debí marcharme de Cuba. Ya me lo han dicho unos cuantos.
    —No hubieras resistido. Habrías acabado como Salgari, pegándote un tiro.
    —¿Llegaste a devolverme la biografía de Salgari que te presté? Era la única que había en Cuba. Una edición rarísima. No se encuentra.
    —Hace mil años. Yo no me quedo con los libros que me prestan.
    —Craso error. Esa es la mejor forma de hacerse de una buena biblioteca. Y ya que mencionaste el suicidio, quiero recordarte que hay muchas formas de matarse. Aquí sobran las razones para hacerlo. Esta misma vida es un suicidio lento, sin violencia ostensible. Por eso tengo que darle la razón a los que me han espetado que nunca debí haber venido a este país, y menos a Miami. Me aseguran que hubiese estado mejor en Venezuela, donde me consideraban por lo que era, por mi obra. Aunque parezca increíble, en América Latina todavía se respetan esas cosas. Pero aquí eres un cero a la izquierda si no tienes plata o no estás metido en la cogioca académica.
    —La gente se pone con mucha facilidad en pellejo ajeno.
    —Los cubanos somos esencialmente totalitarios, aunque somos un fenómeno para que no se vea esa pluma. Esa condición la hemos convertido en una religión, en un dogma. Nos pierde pero, por lúcidos que seamos, nos resulta prácticamente imposible el evitarla. Es producto de nuestros resentimientos, mediocridad y envidias. Sin embargo, a veces, acertamos con esos juicios enfáticos y definitivos — bebió lo que quedaba en su vaso y se volvió a servir—. No les puedo quitar la razón a los que me han dicho que cometí un error al venir. Quizás ellos no conocen los motivos de mi decisión, pero dieron en el blanco. Esto es la muerte. La peor. Esperar a la pelona ya casi tieso, para después pasar por la última humillación: un relajo de velorio.
    El visitante hizo silencio y medió su vaso. Su mirada fue al retrato y de ahí al rostro de su amigo. Sus líneas recorda-

ban a una talla elemental. Bebió un trago y encendió otro cigarro.

—¿Qué has hecho en estos días? —preguntó a su amigo.

—Releer. Hay libros que quiero releer antes de la rumba final. Es lo más sensato. Ahora se publica mucha pacotilla e indefectiblemente me la mandan. Va directamente a la basura para desesperación de los basureros. Claro que no tengo, como en mi biblioteca, todos los libros a los que quisiera darle el pasón definitivo, pero tampoco tendría el tiempo para hacerlo si lo tuviese.

—¿No has escrito nada?

—Poco, pero da igual. Ya mi vida es otra cosa. Es estar solito con mi mujer en este hueco y contar los muertos, que es el pasatiempo de los viejos. Me quedan muy pocos en el inventario. Uno se debe morir con sus contemporáneos. No lo olvides.

—Con todo, no debes dejar de lado las memorias. Son mucho más que tu vida. Es toda una época que se perdería si tú no la cuentas. Lo sabes perfectamente.

—Esto de las memorias es muy gracioso —dijo el escritor, y el visitante sintió en aquel instante que su voz recuperaba algo de aquella fuerza y resonancia que tuvo en el pasado—. A mí, si me leen, me leen cuatro gatos perdidos en las quimbambas. Pero hay un gaterío enloquecido porque escriba mis memorias. Le zumba.

—Puede ayudar a que te lean más.

—Habría que empezar por reeditarme. Mis libros ya son más raros que las vírgenes, puro hallazgo arqueológico —sonrió y bebió largamente de su vaso—.

—No me convences.

—¿Tú sabes por qué hay interés por mis memorias? Por los chismes, por la jodedera. No por otra cosa. Yo he dado no sé sabe cuántas vueltas; he conocido a mucha gente y he visto demasiado. Pero la gente no busca lo que hay en el fondo de ese laberinto. Quieren mis memorias por esa fama que tengo de haberle dado candela al tabaco por los dos extremos. Por la canallería. Nada más que por eso.

—Al final, no importan las razones. Las memorias serían una forma de poner las cosas en su sitio.

El visitante esperó una respuesta, pero su amigo no dijo nada. Tomó la botella y miró fijamente la etiqueta negra y dorada. La alzó y la enfrentó al resplandor que entraba por la puerta. Unos instantes después, con gesto cansado, la volvió a colocar en la mesa, como si ese movimiento hubiese agotado unas diezmadas energías. Entonces, con uno de aquellos súbitos e inesperados saltos mortales que caracterizaban su conversación, le dijo con lentitud:

—Tú piensas que estás achicharrado, y te equivocas. Todavía te falta mucho. Aprovecha mientras puedas lo que puedas.

—No me vengas con esas. A ti también te falta mucho, bicho malo nunca muere.

—No lo creas, pero gracias por las buenas intenciones. Hace ya bastantes años escribí un libro sobre mis muertos. Era un libro extraño, por lo menos para los cubiches, que pretendía rescatarlos. Esos muertos eran como uno. No dejaron más que libros, cuadros, anécdotas… Aunque te suene agustiniano, me ilusiona imaginar que con esas páginas preservé en algo su recuerdo, tan siquiera por un tiempo. Pero con mis recuerdos no puedo rescatarme a mí mismo. ¡Memorias! Lo que quiere la gente son las gloriolas y la cumbancha del presente. O como diría un clásico de la carajera: casa, comida y culo. No cabeza, corazón y cojones. No vale la pena ser recordado por miserables de esa ralea.

La conversación comenzó a espaciarse a partir de aquellas palabras. Poco a poco se hizo el silencio. Cuando la tarde cayó, la botella estaba vacía. El calor seguía invariable.

LA PÉRDIDA

Siempre lo había dicho. El día en que algo de lo que hay en esta casa salga de ella, ya no valdrá la pena vivir. Todo se habrá perdido. Su insólita y final afirmación no era producto de su edad. Los años nada tenían que ver con ella. Desde que tuvo uso de razón y comenzó a apreciar los muebles, los adornos, los cuadros, las esculturas, las cristalerías, las porcelanas, las vajillas y las exquisitas piezas de toda naturaleza que colmaban la vieja mansión vedadense que siempre había sido su hogar, supo que la singular belleza y excepcionalidad de aquellos tesoros acumulados por su familia desde el pasado siglo, constituían la razón de su existencia.

Allí, entre aquellas gruesas paredes y tras los ventanales franceses protegidos por elaboradas rejas que se abrían sobre el denso jardín, se había integrado un museo tan fantástico como ideal e insólito, en que coincidían y se armonizaban, junto a exponentes excepcionales del refinamiento criollo y piezas únicas de las más depuradas expresiones de la creación colonial hispanoamericana, las más delicadas manifestaciones del arte y la artesanía europeas. No faltaban, agregando su prodigio a la totalidad, ejemplos deslumbrantes del arte del asiático.

El crecer rodeado por estas maravillas determinó su existencia. Así, desde muy niño prefirió el indefinible placer que le deparaba la contemplación, cuidado y estudio de aquellos bienes en la rica biblioteca familiar, a los juegos a los que se entregaban sus compañeros de colegio. Al ingresar en la universidad ya convertido en un notable anticuario, y contrario a lo que podría suponerse, no eligió una carrera centrada en las Artes, sino el Derecho. Se graduó con todos los honores y, de inmediato, comenzó a ejercer exitosamente su profesión en uno de los mejores bufetes de la capital, del que no tardaría en convertirse en socio. Cinco años después de graduado, ganó por oposición una cátedra en su facultad.

Su intensa y exigente actividad no mermó en nada su pasión por las antigüedades. Por el contrario, las generosas entradas que éstas le proporcionaban le sirvieron para aumentar sus colecciones con piezas compradas en sus viajes a Europa, los Estados Unidos y algunos países latinoamericanos; su asistencia a subastas internacionales, y sus frecuentes recorridos sabatinos por las penumbrosas y colmadas casas de antigüedades de La Habana.

Su posición le imponía ciertos compromisos sociales. Los llevaba a cabo con verdadero estilo, pero evitaba los no esenciales para poder dedicar el mayor tiempo posible al disfrute y cuidado del mundo maravilloso que se multiplicaba en su residencia y siempre deslumbraba a los visitantes. Compartía ese espacio encantado con su madre y su hermana. Eran ellas las que con sus cotidianos y delicados cuidados mantenían resplandeciente aquel increíble patrimonio.

Ni su hermana ni él se casaron. En un principio, en el ambiente social en que se movían, ese hecho causó un natural asombro. Ambos eran unos prospectos ideales para constituir un hogar y una familia con todas las de la ley. Con el paso de los años, su soltería se aceptó como parte del orden natural de las cosas. Aunque en su caso, no se le dejó de considerar por algunos como algo excéntrico. Otros, le atribuían una vida secreta. Tal combinación ofreció un recurrente tema de conversación a su círculo y, en ocasiones, lo trascendió. En esto tan sólo lo igualaba uno de sus mejores amigos: un soltero oculista, astrónomo y filatélico de primera categoría.

La muerte de su madre fue un golpe terrible para ambos. Mitigaron su ausencia irreparable perseverando en su diáfana devoción por los bienes que habían alegrado su vida volcada en la familia y la belleza. Un singular detalle ilustra ese culto filial. Siempre en la íntima cena nocturna se dispuso su puesto en la regia mesa. También, diariamente se renovaban las flores en el suntuoso altar de maderas preciosas cubanas que tenía en su habitación. Ante este venerable y prodigiosamente ornamentado mueble, postrados en su amplio reclinatorio forrado en piel, habían prodigado sus devociones, gratitudes y peticiones varias generaciones de la familia desde sus fundadoras raíces trinitarias. Señoreaba el altar una más que centenaria imagen de la Virgen del Carmen, ejecutada en madera policromada por exquisitos artífices andaluces.

Hombre tan responsablemente meticuloso en el cumplimiento de sus obligaciones, como piadoso sin estridencias por convicción y tradición, cuando se retiraba cada noche tras haber dispuesto los asuntos prioritarios del día siguiente y haberse volcado sobre una pieza o entregado a dar una nueva fisonomía al ordenamiento de las que proliferaban en las vitrinas, esquineros, pedestales, mesas y canastilleros, sus oraciones eran una final declaración de gratitud por las gracias recibidas, la fija armonía de su vida y la incalculable dádiva de las maravillas que lo rodeaban. De igual manera, muy consciente de sus dones, siempre rogaba a la Divina Misericordia por aquellos que no eran tan afortunados como él y por las almas de los tantos que no tenían a nadie que rezara por ellos, que es algo que muchos olvidan.

Por muchos años, su vida discurrió con la precisión de las mareas. No faltaron en ese decursar inevitables golpes e inquietudes, que son una pisada en el corazón. Pero siempre halló alivio a la adversidad en el acogedor abrigo de la casa y sus múltiples prodigios. El mundo puede ser hostil cuando uno cree que es inexorable. Pero él jamás dudo que podía hacer frente a los problemas si accedía sin peros a otro universo, a una intimidad y una plenitud al margen del tiempo y las cosas tremendas de la realidad. Para ello bastaba traspasar el umbral de grandes y recias puertas dobles que guardaba la inocencia de la infancia en la eternidad de la belleza única y excepcional a la que se abrieron sus ojos, allí donde la maravilla tenía tanto de evidencia como de encantamiento. La casa en lo alto de El Vedado. Su abrigo, su hogar, su museo prefigurando el paraíso.

Cuando la situación política del país comenzó a deteriorarse, coincidiendo con una época de gran desarrollo y bonanza económica, pensó como su familia, sus socios, sus colegas y muchos de sus clientes y amigos, que aquella crisis era transitoria. Cuando en la noche de San Silvestre cayó el gobierno y los revolucionarios tomaron el poder, en su círculo se consideró de igual manera que la vida nacional, a pesar de los reclamos de cambios radicales en la mecánica social, política y económica del país que anunciaban los vencedores, no tardaría en volver a la normalidad tan pronto como éstos le tomaran el gusto al poder y sus complacencias.

El gusto por el poder de los nuevos mandarines se hizo evidente de inmediato. Pero llevó aparejado un baño de sangre y el que se llenaran las prisiones, que no tardaron en ser insuficientes. También, el incremento de una represión de estirpe asiática que coincidió con la arbitraria nacionalización de la empresa privada y otras medidas draconianas que dieron un vuelco radical al desenvolvimiento que había presidido sus vidas. Sus cuentas bancarias y otros intereses e inversiones que le aseguraban una existencia desahogada, pasaron a las insaciables arcas del régimen. Aquellos que en desacuerdo con el nuevo ordenamiento optaban por marcharse del país, acababan por perderlo todo. Cuando cerraron su bufete, casi coincidiendo con la renuncia a su cátedra, que presentó en rechazo a los nuevos programas y gobierno universitarios de raíz estalinista, sus socios se exiliaron, sin comprender cómo él podía asumir el riesgo de permanecer. Fueron otros más en el incesante éxodo al que el régimen totalitario no tardó en imponer ominosas condiciones y negar reiteradamente.

Su decisión de quedarse estuvo determinada por dos razones fundamentales. La primera era que no creía que aquella situación podía sostenerse, para empezar porque los americanos no lo permitirían por su peligrosa cercanía a su territorio, la incautación de sus propiedades, la pérdida de su influencia y la entrega del país a los dictados del bloque comunista en plena Guerra Fría. La segunda, su final rechazo a abandonar su casa y sus preciosos bienes, cuyo destino último, un museo, su hermana y él habían dispuesto y asegurado con una generosa dotación. No podía dejar que el régimen se hiciera de tanta maravilla, lo que equivalía a su destrucción y dispersión. Sentía que era su deber definitivo estar entre sus cosas, aun en las más adversas y antagónicas condiciones, para preservarlas intactas hasta que la libertad y la legalidad volviesen al país. Fueron muchos los que consideraron que su decisión era una locura.

Propuso a su hermana que se marchase hasta que todo retornara a la normalidad. Contaba con el suficiente dinero en el exterior para que ella se instalase en los Estados Unidos o en Europa hasta que pasase el temporal. Su hermana se negó. No quería dejarlo solo y se sentía igualmente responsable de lo que llamaba sus juguetes. Su decisión fue igualmente considerada como una locura por sus allegados y amigos ya exiliados o en vías de abandonar el país.

Sus vidas dieron un vuelco. Este fue, de alguna manera, más violento para él que para su hermana, porque ella siempre había estado en la casa y cumplido sin sobresaltos un amable ritual doméstico y social, en tanto que él había compartido su pasión por las antigüedades con las exigencias de su profesión, la enseñanza, los negocios y sus diversos compromisos sociales.

El súbito cambio lo afectó con sus violentas exigencias, pero la forzosa reorganización de su vida en torno a lo que era lo esencial a su existencia, facilitó su obligada adaptación. Unos pocos amigos, contra toda lógica y presiones, también habían decidido quedarse. Esto hizo que, a medida que aumentaban las dificultades y el encarar los problemas que proliferaban en la cotidianidad se hacía más oneroso en todos los órdenes, las amistades se estrecharan aún más. Constituían un cerrado y extraño círculo de inermes supervivientes que se empeñaban en mantener un estilo y la imagen de un ayer arrasado.

Su gran escapada la tenía los sábados. Ese día iba a casa de un amigo diplomático que, como él, se había atrincherado en su casa llena de libros en las afueras. Allí, se reunía un reducido y hermético grupo de viejos amigos. Su conversación fluctuaba entre el comentario sobre los últimos acontecimientos, la especulación sobre las posibles salidas al problema nacional, las dificultades a las que habían tenido que hacer frente esa semana, la evocación del pasado y los ausentes, y la discusión histórica. Salía de aquellos encuentros, cuya realización se dificultaba cada vez más por problemas de transporte, con una ilusión de normalidad que no tardaba en desvanecerse. Muchas veces se dijo a sí mismo que los que integraban ese grupo eran fantasmas encandilados por sus propias fantasmagorías y el peso de una realidad implacable.

La escasez se impuso vertiginosamente en sus vidas. La mitigaba adquiriendo lo que necesitaban en el mercado negro. Esa riesgosa solución clandestina no siempre era factible. Por una parte, los suministradores carecían cada vez con más frecuencia de los bienes imprescindibles, lo que incrementaba su ya elevado costo, y por otra, los controles policiales eran más estrictos. Ese inexorable estilo de vida repercutía en la ceñida economía de los que la llevaban, aunque sus gastos básicos se concretaran a la adquisición de alimentos y de alguna que otra cosa imprescindible al desenvolvimiento doméstico. Dos veces o tres veces a la semana, una vez que había obtenido el codiciado turno de acceso, bien tras hacer una interminable cola o comprarlo, su hermana y él iban a comer con algunos amigos el estricto menú que ofrecían los mermados restaurantes capitalinos.

Otro hecho aumentó su abatimiento. Observó con dolor y tristeza crecientes como eran cada vez más los integrantes de su círculo que se sostenían vendiendo piezas preciosas de su patrimonio. Muchos, que ya no soportaban más los asfixiantes rigores que pesaban sobre ellos, se reducían o procuraban la salida del país, ofreciendo sin peros sus residencias y bienes a altos funcionarios y organismos del régimen. Eran inermes víctimas otra vez. Ahora del saqueo que llevaba a cabo una nueva clase a la que obsesionaba poseer unos lujos que eran el emblema de un pasado que condenaban los poderes totalitarios que sustentaban.

Cuando murió la vieja sirvienta que había compartido sus vidas y que sepultaron con dolor en el panteón familiar, se vieron precisados a hacerse cargo de todos los quehaceres. El esfuerzo fue muy oneroso, aunque contaban con una asistenta que venía dos o tres veces por semana a ayudarlos y que demandaba de ellos una constante supervisión para evitar que rompiese sus más frágiles piezas. Así, tanto él como su hermana tuvieron que hacer frente a una frustrante y demoledora rutina que consumía agotadora gran parte del día en interminables colas para obtener, si llegaban, las paupérrimas cuotas de alimentos.

Cada día que pasaba, la calidad de sus vidas se degradaba más a pesar de sus esfuerzos por mantener el pudor y la integridad de un estilo. Esa disminución no dependía estrictamente de la falta de bienes de consumo ni de aquello imprescindible para mantener la casa y satisfacer necesidades de toda índole, ahora un verdadero lujo. A ese angustioso agobio se sumaba inflexible e inexorable el agresivo antagonismo del régimen totalitario hacia aquellos que no se doblegaban a sus designios.

Sujeto a esa vida en crítico estado de sitio, tan sólo encontraba un precario respiro en su asistencia a la iglesia, las cada vez más distanciadas visitas y la dedicación, venciendo el agotamiento tenaz, al cuidado de sus antigüedades. La salud de ambos se resintió y su atención demandó nuevos esfuerzos. Ese desgaste, precipitado por la edad, las preocupaciones, el sufrimiento y los muchos años de ingratos esfuerzos, sobresaltos y carestías, precipitaron la enfermedad de su hermana. Falleció al cabo de cuatro agónicos meses en que él hizo lo imposible para contrarrestar la deficitaria atención médica y hospitalaria a la que se vio sometida.

Tras el sepelio, rechazó con gratitud y delicadeza la oferta de compañía que, para ayudarlo a sobrellevar los primeros momentos de la pérdida, le ofrecieron. No quería abrumar a nadie con su dolor y, por otra parte, no era capaz de imponer a la solidaridad entrañable, una carga más en medio de la crítica situación imperante. Ahora, su vacía casa era más honda y reinaba en ella un silencio unánime. Estaba definitivamente solo. Algunos de los pocos íntimos que le quedaban y sabían que disponía en el extranjero de lo suficiente para pasar de una manera más amable los últimos años de su vida, le aconsejaron que se marchara. Le aseguraron que cuando planteara su deseo de irse del país a los funcionarios y los organismos que rondaban con avidez su casa llena de prodigios, todo se le viabilizaría. Que no tendría que padecer las demoledoras agonías derivadas de esa decisión. A pesar de la lógica de tales razonamientos, no se sentía capaz de abandonar el colmado recinto en que había transcurrido toda su vida.

Su soledad hizo más ardua aún su existencia. Para mitigarla se dedicó a la confección de un pormenorizado catálogo razonado de sus antigüedades. Era una labor tan inmensa como compleja, pero al concentrarse en su ejecución, llegaba a un estado tal de concentración que olvidaba la hostilidad y el rigor en que vivía sumido. Así, perdió cuenta del paso del tiempo. Sin embargo, los crecientes e inevitables embates a que estaba sometida su existencia hicieron mella en su salud. Comenzó por experimentar un tenaz decaimiento físico. La ceñida dieta impuesta por el racionamiento y las comidas que ocasionalmente podía hacer en un restaurante siempre le sentaban mal. Se dio cuenta de su pérdida de peso por la ropa, que ahora parecía colgar de su cuerpo. Su piel adquirió un color enfermizo. Las náuseas y los vómitos aumentaron su frecuencia. Recurrió inútilmente a remedios a su alcance. Cuando su malestar se hizo intolerable, visitó a un médico amigo y contertulio sabatino que atendió a su madre y su hermana. Gracias a sus contactos, éste logró que le hiciesen una serie de investigaciones reservadas a los privilegiados del régimen. El diagnóstico fue terminante. Tenía cirrocis. No viviría más de dos meses.

Preguntó al médico qué tiempo demoraría en quedar incapacitado por la enfermedad. Este le respondió que escasamente unas cuatro o cinco semanas. ¿El dolor?, preguntó entonces. Llegará un momento en que no podrá evitarse por falta de las drogas, tratamientos y medicamentos adecuados, fue la respuesta. Tras despedirse al cabo de un minucioso diálogo sobre su estado y su inevitable evolución, se encaminó a la iglesia y se sentó solitario en un banco apartado. Apenas pudo rezar. Al regreso a su casa, abrió una botella de coñac y comenzó a beber a pesar de que sabía le haría daño. El malestar que experimentó le impidió terminar la segunda copa. Tomó un fuerte analgésico y cuando sintió cierto alivio, se puso a examinar sus piezas favoritas.

En la madrugada, el voraz incendio y el atronador despliegue de los bomberos y la policía despertó al barrio.

Nada quedó de la casa ni de las maravillas que albergó. Cuando los equipos de rescate pudieron finalmente acceder al interior de la residencia, hallaron su cuerpo calcinado en el despacho y determinaron que el incendio había sido intencional. El médico, el diplomático y aquel otro excéntrico amigo oculista, astrónomo y filatélico, recordaron sobrecogidos que él había asegurado que si algo tenía que salir de aquella casa, no valdría la pena vivir. Ninguno lo juzgó.

LO QUE PARECÍA IMPOSIBLE

¿Cuántas cosas? ¿Pocas, muchas, insuficientes, las estrictamente imprescindibles? No se sabe a ciencia cierta. No se puede precisar. Todo depende del uso que se dará a las cosas. Eso, si se decide utilizarlas. Pueden ignorarse por completo. No hacer nada con ellas. ¿Qué sucedería entonces? Imposible saberlo. Así, para comenzar ¿realmente?, hay que decidir algo. Hasta que no se decidirá nada. De eso se trata la libertad, que no es más que la posibilidad de elegir. Lo que incluye la funesta decisión de no elegir. Ni pensar en ese horror. Pongamos que nos conformamos con las cosas que tenemos a nuestra disposición y alcance. ¿Qué podemos hacer? No, mejor: ¿Qué queremos hacer? ¡Tantas cosas! Aunque, atención, conviene ser realistas. No equivocarse, no a estas alturas. Para comenzar debemos admitir que las cosas siempre han estado ahí, ante nosotros, entre la fijeza y la evaporación, pero finalmente ahí. ¿Qué significa esto? Refleja una deficiencia de nuestra parte, una incapacidad. Sin embargo, nada de recriminaciones a esta hora. No es nada saludable ni conduce a ninguna parte. Es una disminución. Así, las cosas son lo que son y son lo que quisiéramos que fuesen. O sea, no son ni una cosa ni otra y son potencialmente todas las cosas. ¿Qué más puede pedirse? Si esa multiplicidad es naturaleza y esencia de las cosas, entonces puede asumirse sin peros que uno es un hombre que quiere ser todos los hombres. Eso que en un tiempo se designaba como un poeta. Un arcaísmo. Entonces, de súbito, se multiplican caleidoscópicamente los deseos. Son tantas las cosas que deseamos y podemos hacer con las cosas. Es un juego interminable y cuajado de infinitas posibilidades y variantes. Es la encarnación de un sueño. Es la imagen en el reverso del espejo. Es el reflejo deslumbrado en las pupilas del otro. No dudar de lo que se ve, se escucha, se palpa y se saborea. Menos de lo que se imagina. Todo está ahí. Todo se materializa. Todo es elemental y es extraordinario y es indescriptible. Todo se transforma. Todo es. Se trata de lo que parecía imposible. Es el latido final del *más*. No analizar, no reflexionar, no dormir, no soñar y, por supuesto, hacer todo lo contrario. Y entonces, leerle al niño azorado que se es, que siempre se ha sido aunque lo enmascararan las apariencias, este cuento: «Había una vez un señor que se preguntó: ¿Cuántas cosas?...»

ARMANDO ÁLVAREZ BRAVO

Nació en La Habana, Cuba, en 1938. Poeta, crítico literario y de arte, ensayista, narrador, profesor, investigador literario, editor y periodista. Miembro de número de la Academia Cubana de la Lengua; correspondiente de la Real Academia Española y la Academia Norteamericana de la Lengua Española; y miembro vitalicio de la American Translators Association. Fundador y ex presidente del PEN Club de Escritores Cubanos en el Exilio. Se le considera un poeta fundamental de la generación cubana del 50, que ha designado como la generación arrasada.

Poesía: *El azoro; Relaciones; Para domar un animal; Juicio de residencia; Las lejanías; El prisma de la razón; Naufragios y comentarios; Trenos; Cabos sueltos; Poesía en tres paisajes (Rastros de un merodeador nocturno, Noticias de Nadie, Sólo se puede confiar en la soledad); La belleza del físico mundo; A ras de mundo. Poemas escogidos, 1964-2006; Cuaderno de campo (1996-2008); Poemas para la Princesa; Siempre habrá un poema (Antología) y Singladuras. Poesía y Prosa.*

Ensayo: *Órbita de Lezama Lima; Autorretrato a trancos* y *Al curioso lector (Ensayos sobre arte y literatura).*

Cuento: *Las traiciones del recuerdo* y *El día más memorable.*

Edición (obras escogidas): *Un epistolario inédito de los Milanés* y *Los poetas del PEN de Escritores Cubanos en el Exilio. Una colección de poemas.*

Otras obras: Varios libros para la enseñanza del español y su literatura; una *Historia de la literatura universal* y una *Historia del arte* y varios volúmenes en colaboración entre los que se cuentan: *Diccionario de la literatura cubana; Lengua y literatura en su contexto* y *The Visual Art Critic.*